こんなところでつまずかない！

相続事件
21のメソッド

東京弁護士会 親和全期会
編著

改訂版

第一法規

改訂版　はしがき

　初版発刊から約6年が経過し、平成30年及び令和3年の民法改正にも多少触れつつ、部分的に古くなっていると思われる記述を見直す形で『こんなところでつまずかない！　相続事件21のメソッド』の改訂版を発行させていただくことにしました。本書のコンセプトは、相続事件における若手弁護士の体験談を記すことで、生の事件ならではの処理の悩み、ノウハウ、留意点などを読者の皆様に広く共有する点にあり、緻密な理論が記された基本書、コンメンタール等とはまた別の価値があると考えています。「事実は小説よりも奇なり」と言われるように、机上の理論だけでは足りない生の事件ならではの特徴があり、1つとして同じ事件はありません。生の事件で得られた経験値だけは、各種文献や数多の情報があふれるインターネット上でも容易に収集できるものではないと思います。若手弁護士らが得た経験値を、読者の皆様に少しでもお役に立てることがあればと思い、改訂版を発行させていただきます。

　なお、親和全期会による本シリーズは、『こんなところでつまずかない！　民事訴訟手続21のメソッド』(令和5年)、『こんなところでつまずかない！　インターネット投稿トラブル21のメソッド』(令和6年)など、すでに11冊を刊行しており、引き続き大きな反響をいただいております。本書を含め、この21のメソッドシリーズについて、今後もご愛顧いただけると幸いです。

　最後に、本書上梓にあたっては、第一法規株式会社編集第一部の柴田真帆氏、鈴木由真氏に大変にお世話になりました。ここに厚く御礼を申し上げます。

令和7年1月

東京弁護士会　親和全期会
令和6年度代表幹事
弁護士　西村健

初版　はしがき

　相続事件と聞くと、親族間での骨肉の争いというイメージを持たれる方が多いのではないでしょうか。遺産分割などにおいて親族間でスムーズに話合いがつけば弁護士が登場する必要はないわけで、我々弁護士に持ち込まれる事件は、まさに、親族間での複雑な人間模様が絡み合っているものが多いわけです。そのような相続事件では、依頼者のみならず相手方の心情をも理解し、適切な事案の解決のためには依頼者をも説得する必要がある場合も生じます。そのため、弁護士の実務経験が大いに物を言うことになり、他方、実務経験が浅い新人弁護士・若手弁護士が事件の解決を巡って依頼者とトラブルになるという場合も目にします。

　また、相続事件といえば、遺産分割や遺言を巡る争いをすぐに思い浮かべますが、遺産分割1つとってみても、遺産の評価や特別受益や寄与分などが絡んだ問題が生じれば一筋縄ではいかないことになります。さらに、相続事件では常に税金の問題を避けることはできないですし、国際結婚が絡めば、相続事件はより複雑になるでしょう。

　そのため、実務経験の浅い新人弁護士・若手弁護士にとっては、相続事件は魅力的ではあるものの、依頼者との関係に悩んだり、未経験な問題・争点に直面して不安感を抱いたりしている弁護士も多いのではないでしょうか。そこで、親和全期会では、そのような新人弁護士・若手弁護士が持つ悩みや不安感を解消することに役立つことができないかと考えて、本書を執筆することになりました。

　親和全期会は、東京弁護士会内の会派の1つである法曹親和会の会員のうち司法修習終了後15年までの若手・中堅弁護士によって構成される団体（会員数約1,000名）です。親和全期会では、日本弁護士連合会・東京弁護士会の会務・政策について議論し意見を反映させる活動を行っているほか、弁護士業務に関する研修や親睦企画などを多数開催しています。

　そして、親和全期会の活動を通じて多くの弁護士が知り合い、弁護士

業務のノウハウの情報を交換し、議論をし、自らの弁護士業務に役立てています。

　そのような親和全期会活動を通じて蓄積された弁護士ライフのノウハウの一端を新人弁護士・若手弁護士のためにまとめ、平成27年12月、『こんなところでつまずかない！弁護士21のルール』を刊行し、また、その姉妹本として、平成28年11月、『こんなところでつまずかない！交通事故事件21のメソッド』、平成29年1月、『こんなところでつまずかない！離婚事件21のメソッド』、平成29年11月、『こんなところでつまずかない！不動産事件21のメソッド』を刊行したところ、いずれも予想を上回る大きな反響をいただきました。

　本書は、これらと同様に、情報交換された業務ノウハウのうち、相続案件に関するものを集めたものですが、できる限り網羅的に取り上げ、実務経験がまだ浅い新人弁護士・若手弁護士が、少しでも多くの体験を追体験していただきたいとの思いから、親和全期会所属の弁護士が積み重ねてきたノウハウを体験談という形で掲載しました。

　本書を手に取られた読者のみなさんが、相続事件に対する無用な悩みや不安を払拭し、さらなる研鑽の契機にしていただければ、望外の幸せです。

　最後に、本書上梓にあたっては、第一法規株式会社編集第一部の田中信行氏、河田愛氏、石塚三夏氏に大変にお世話になりました。ここに厚く御礼を申し上げます。

　　　　　　　　　　　　　　　　　　　　　　　　平成30年1月

　　　　　　　　　　　　　　　　　　　　東京弁護士会　親和全期会
　　　　　　　　　　　　　　　　　　　　平成29年度代表幹事
　　　　　　　　　　　　　　　　　　　　　弁護士　菊地真治

こんなところでつまずかない！
相続事件21のメソッド 改訂版

目次 Contents

改訂版 はしがき ··· i
初版 はしがき ··· ii

Method 01 | 相続事件の心構え
初期対応を誤るな　　001

体験談1　ラブレターより緊張！？ ··································· 003
体験談2　祖父・祖母の相続には要注意！？ ····················· 006
体験談3　手紙を渡す？ 渡さない？ ··································· 009
体験談4　皆さんのために頑張るのでちょっとお願いが…… ·· 012
ワンポイントアドバイス　他の相続人への対応 ··············· 015

Method 02 | 手続の選択
見通しを立てて臨め　　017

体験談1　調停はまだですか？ ·· 021
体験談2　最後に困るのは…… ·· 023
ワンポイントアドバイス　調停の終了事由 ························ 024

Method 03 | 利益相反
利益相反くれぐれもご用心　　026

体験談1　揺らぐ相続人の気持ち・権利と人情 ·················· 029
体験談2　未成年者が相続人の場合の特別代理人 ·············· 031
ワンポイントアドバイス　相続事件におけるその他の利益相反の問題 ········ 033

Method 04 | 相続人の探し方
戸籍はドラマ　　036

体験談1　戸籍から見える近現代史？ ································ 039
体験談2　相続人に行方不明者がいる場合 ························· 041
ワンポイントアドバイス　相続人の探し方 ························ 044

Method 05 | 相続財産(等)の探し方
相続財産を探し漏らすな　045

- 体験談1　相続財産の探し方 …… 049
- 体験談2　非公開株の見落としに注意 …… 052
- ワンポイントアドバイス　相続財産の見落としに注意 …… 053

Column | 生命保険協会への弁護士会照会が終了 …… 055

Method 06 | 相続人の整理
錯綜する関係者をまとめ上げろ　057

- 体験談1　まさかのタイミングで…… 059
- 体験談2　多数の相続人がいる場合の取りまとめ …… 061
- 体験談3　認知症の相続人がいると大変！ …… 064
- ワンポイントアドバイス　相続人に成年被後見人がいる場合 …… 069

Method 07 | 特別受益・寄与分
甘い見通しはトラブルのもと　070

- 体験談1　生命保険金は相続財産か？ …… 072
- 体験談2　介護の寄与分 …… 074
- 体験談3　かんぽ生命の保険金の行方 …… 077
- ワンポイントアドバイス　特に寄与分について …… 079

Method 08 | 株式・不動産の評価
株式・不動産の評価は踊る　080

- 体験談1　土地の評価は4つある？ …… 082
- 体験談2　アウェイでもあきらめない …… 086
- 体験談3　不動産評価には要注意 …… 090
- ワンポイントアドバイス　事前に可能な限り評価を把握して方針を立てること …… 092

Column | 地番って何だ？ …… 094

Column | 生命保険と相続財産・税金の問題 …… 095

Method 09 遺産分割
家裁の枠にとどまらない、必要なのは総合力！　097

- 体験談1　いまの思いを数世代先の相続に反映できる？ ……… 103
- 体験談2　使途不明金問題 ……… 106
- 体験談3　遺言が無効になってもあきらめるな ……… 109
- 体験談4　果実を奪い合う相続人 ……… 112
- ワンポイントアドバイス　遺産分割事件受任の心得 ……… 115

Column　法定相続情報証明制度 ……… 119

Method 10 相続放棄
裁判所に申述するだけ、ではない　121

- 体験談1　相続放棄したのはいいけれど……残された財産はどうしよう？ ……… 125
- 体験談2　嬉しい話には裏がある　〜相続放棄しなくていいの？〜 ……… 128
- 体験談3　遺産分割調停の成立と法定単純承認 ……… 133
- ワンポイントアドバイス　相続放棄申述が受理されても安心しない ……… 135

Column　相続放棄と再転相続 ……… 136

Method 11 限定承認
誰も使わない？　限定承認　140

- 体験談1　誰も教えてくれない ……… 142
- 体験談2　限定承認の落とし穴　〜みなし譲渡所得税って何？〜 ……… 144
- ワンポイントアドバイス　これでいいの？　〜限定承認と準確定申告の困難な問題〜 ……… 147

Method 12 遺言の方式・遺言の中身
将来を見据えた遺言を作成せよ　149

- 体験談1　廃除を知らない弁護士を排除しよう ……… 152
- 体験談2　相続させる旨の遺言と代襲相続の有無 ……… 155
- 体験談3　遺言の先後 ……… 157
- ワンポイントアドバイス
  遺留分を侵害する遺言にどう対応するか／相続対策は慎重に ……… 158

Column　自筆証書遺言書保管制度 ……… 160

Column　エンディングノート ……… 163

| Column | お墓の「相続」？ ～祭祀承継のこと～ ………………… 165 |

Method 13 遺言能力
遺言能力を疑え　　168

- 体験談1　カルテは信用ならない！？ ……………………………………… 170
- 体験談2　危険な遺言、作っていませんか？ ……………………………… 174
- 体験談3　あきらめないで、遺言無効 ……………………………………… 178
- ワンポイントアドバイス　遺言無効における注意事項 …………………… 181

Method 14 遺言と遺産分割
遺言書があっても遺産分割はできます　　182

- 体験談1　遺言書を金科玉条とすべからず ………………………………… 185
- 体験談2　無責任な公正証書遺言と遺産分割のやり直し ………………… 188
- ワンポイントアドバイス　「相続させる」旨の遺言に気をつける ……… 190

Method 15 遺言執行
遺言執行は誰のため？　　191

- 体験談1　遺言執行者は相続人の味方ではない …………………………… 196
- 体験談2　財産調査はぬかりなく …………………………………………… 199
- 体験談3　貸金庫の中の財宝 ………………………………………………… 203
- ワンポイントアドバイス　その他の改正 …………………………………… 205

Method 16 遺留分
遺留分を極めてこそプロ　　207

- 体験談1　遺留分をめぐる攻防 ……………………………………………… 209
- 体験談2　言いつけを守らない孫との闘い ………………………………… 213
- 体験談3　遺留分侵害額請求と1年の時効 ………………………………… 217
- ワンポイントアドバイス　遺留分侵害額請求権行使の留意点 …………… 219

Method 17 相続と税金
相続人と相続財産と税制の方程式　　220

- 体験談1　遺言者の意思と節税対策　～つきまとう推定相続人～ ……… 226
- 体験談2　名義株・名義預金に気をつけろ ………………………………… 227
- 体験談3　相続財産の評価基準 ……………………………………………… 229
- 体験談4　相続税の連帯納付義務 …………………………………………… 232
- ワンポイントアドバイス　相続税対策話に安易に飛びつかない ………… 233

Method 18 | 国際相続関係
国際相続は他人事ではない　237

- 体験談1　妻がフランス人・子が二重国籍 …………………………… 240
- 体験談2　海外にいる相続人 …………………………………………… 242
- 体験談3　オランダに物件！？ ………………………………………… 243
- ワンポイントアドバイス　在留外国人を被相続人とする相続が発生した場合の準拠法 … 246

Method 19 | 金融機関対応
金融機関はどこまで対応してくれる？　248

- 体験談1　一部相続人による預金払戻しの最高裁判例の影響 ……… 251
- 体験談2　貸金庫には何が入っているの？ …………………………… 253
- 体験談3　連帯保証債務まで相続したくない！ ……………………… 258
- ワンポイントアドバイス　本最高裁判例の金融実務に対するインパクト ………… 261

Method 20 | 事業承継
会社に争族を持ち込ませるな　262

- 体験談1　考えよう！いろいろな事業承継スキーム ………………… 263
- 体験談2　はじめは仲良し少数株主 …………………………………… 266
- ワンポイントアドバイス　事業承継あれこれ ………………………………… 270

Column | 中小企業経営承継円滑化法の遺留分特例の運用状況 ……… 272

Method 21 | 法改正への対応
法改正対応は慎重に　275

- 体験談1　相続開始時期が古い案件は法改正に注意 ………………… 276
- 体験談2　法改正でヒヤリとするが …………………………………… 278
- ワンポイントアドバイス　平成・令和の法改正／改正前の法律も要注意！ ……… 280

Column | ある弁護士の雑感〜相続資格の重複〜 …………………… 281

執筆者一覧 ……………………………………………………………… 283

本書中の体験談は、執筆者自身の経験や他の弁護士へのインタビュー等を元に内容を再構成したものです。各体験談冒頭のプロフィールは、必ずしも各執筆者のプロフィールと一致するものではありません。

凡例
裁判例には、原則として判例情報データベース「D1-Law.com 判例体系」の検索項目となる判例IDを〔 〕で記載しています。
例：最二小判平成3年4月19日民集45巻4号477頁〔27808492〕

民集　　　大審院民事判例集、最高裁判所民事判例集
裁判集民　最高裁判所裁判集民事
判タ　　　判例タイムズ
判時　　　判例時報

平成30年民法改正
　　民法及び家事事件手続法の一部を改正する法律（平成30年7月13日法律第72号）による改正
令和3年民法改正
　　民法等の一部を改正する法律（令和3年4月28日法律第24号）による改正

本書は2024（令和6）年11月までに公表されている内容によっています。

Method 01　相続事件の心構え

▶ **初期対応を誤るな**

——相続事件は、多数の当事者をめぐる複雑な権利関係を扱うという意味で法律的に極めて難しい分野である。

　しかし、それ以上に重要なのは、事実上の各相続人間の人間関係、感情の問題が事件の帰すうに重要な影響をもたらすということである。依頼者だけでなく、相手方に対しても、代理人がその気持ちに対する配慮を怠り、あるいは対応を誤ることがあれば、その後の結果が全く異なってしまうことにもなりかねない。したがって、相続事件においては、他の事件に比べて特に初期の段階での配慮が非常に重要になってくる。

相続事件を受任するに際しての心構え

　相続事件で相続人同士が犬猿の仲というのはよくあることで、法律論云々の前に感情論の対立となり、代理人としては、依頼者や他の相続人から不満や愚痴を延々と聞かされることもあります。

　しかしながら、紛争になった相続人同士であっても各々頭では相続問題を解決しなければならないことはわかっているので、代理人として粘り強く話に付き合い、依頼者等の心情を理解しながらも解決に向けて対応を進めていくという心構えが必要であり、法律論だけにとらわれて短絡的に解決を図ろうとする姿勢は避けなければなりません。

相談時の注意点

(1) 相続人の把握と法定相続分の計算

　依頼者が相談に来る場合、ほとんどはすでにネット等において、相続人の範囲及び自己の法定相続分についての情報を得ています。通常、弁護士において相続人の範囲及び法定相続分の計算を間違えることはないでしょうが、万が一、間違えるようなことがあれば致命的です。相談を受けながら相続関係図を正確に作成し、相続人の範囲及び各相続人の法定相続割合について正確に把握できるように心がけましょう。

(2) 相続財産の把握

　依頼者が常に相続財産を正確に把握できているとは限りません。複数の相続人がいる場合、各相続人の置かれている立場によっても持っている情報の量と質が異なります。

　そこで、相談時には、相続財産について依頼者から可能な限り聴取するのは当然ですが、その後の調査のためにも依頼者が相続人としてどのような立場にあるのか、他の相続人はどうかということも把握しておく必要があります。

(3) 過去の事情についての聴取

　相続事件においては、特別受益や寄与分等の主張をすることもあり、過去の事情もある程度聴取しておく必要があります。したがって、過去にどのようなことがあったのか等についても、なるべく把握するようにしましょう。

　ただし、相続事件では、関係者の記憶があいまいで不正確であることが多々あります。時系列で事実の流れを正確に把握するとともに、あいまいな記憶については、なるべく裏を取り、裁判で主張し得るものかどうかを検討しましょう。

　また、依頼者は、意識的あるいは無意識的に自己に不利なことを話さない傾向があります。手続の進行とともに思ってもみないことが明らか

になり、それが事件の帰すうにおいて致命傷になることもありますので、依頼者には、自己に有利なことだけでなく、不利なことも話す必要があることを理解してもらい、事実の聴取に漏れがないようにするとともに、依頼者が話してくれないことがある、嘘をついている場合があるということも頭の片隅に置いて事件処理にあたるようにしましょう。

受任通知の発送

　相続事件が他の事件と大きく異なるところは、受任時点ではまだ他の相続人が敵なのか味方なのかはっきりせず、自分の対応次第でそのどちらにもなり得るという点にあるかもしれません。

　相続財産の有無や過去の事情など、他の相続人に対して調査しなければわからないこともありますので、初期の段階で他の相続人を不必要に刺激するのは得策とはいえません。

　したがって、事件を受任して他の相続人に通知を出す際には、依頼者に対するのと同等もしくはそれ以上の配慮をすることも必要となってきます。相続人同士が不仲ということはよくありますが、その場合でも代理人として相応の配慮のうえ接する方が、事件の対応としてはうまくいくことが多いと思います。

> 体験談 1

ラブレターより緊張！？

弁護士 3 年目　男性

　弁護士になって初めての相続事件を受任したのは 2 年目のことでした。依頼の内容は、相続人 5 人で何度か話し合ったが埒が明かない、自分は

何ももらっていないので弁護士を立てて遺産分割をしたいと相続人の1人から依頼されたという、極々ありふれたものでした。

　相続人は、4人兄弟とその母親の5人（被相続人は父親）で、依頼者は二男でしたので、受任通知を発送するのに特段の障害はないかと思っていました。しかし、依頼者に尋ねると、誰の住所も知らないと言われてしまいました。依頼者は60代で、大体の家の場所はわかるけれども、久しくバラバラの生活をしていたから正確な現住所はわからないとのことでした。そこで、被相続人である依頼者の父親の戸籍から4人の相続人の現在の本籍地までたどり、そのうえで附票を取り寄せるという手順で現在の住民票上の住所を探し当てました。相続人の中には、5、6回本籍地を変更している方もいたため、相続人全員の住民票上の住所を把握するだけでも一苦労でした。

　ともかく、相続人全員の住所が判明したことから、後は受任通知を出すだけとなったところで、はたと足踏みすることに。それまでは、単純に対立当事者に対して受任通知を出したことしかなく、単に依頼者の権利を強く主張する通知書を出すこともしばしばでした。しかし、遺産分割の場合は、依頼者以外の相続人の協力も得ないと、話がまとまるどころか余計に話が複雑になってしまいかねません。それからというもの、遺産分割協議の呼びかけの文書書式等がないかネットや書籍を探し回ったものの、1つたりとも見つけることができません。仕方がないので、自力で文章を考えるしかないとあきらめました。

　ここで問題が。私は、手紙というものを小学生以来書いた覚えがなく、時候の挨拶等々の手紙を出すときの礼儀を全くわかっていませんでしたので、まずは、失礼のない手紙とはどのようなものなのかを知ることから調べ始めました（社会人として今更というところですが……）。すると、今まで使ったことも聞いたこともないような言葉がいろいろと出てきて、日本語の奥深さをあらためて知ることとなりました。

　このような紆余曲折を経て、何とか受任通知を完成させ、この文面で大丈夫なのかどうか半信半疑のままポストへ投函しました。それから依頼者以外の相続人から電話が来るまでの1週間ほどは、ラブレターの返

事を待っているかのような緊張感でした。

　ここまで苦労して受任通知を発送したものの、相続人4人のうち2人が「宛所なし」として返送されてきてしまいました。前途多難な船出となり、どうしたものかと思っていたら、相続人の1人から電話が来ました。その相続人は非常に友好的で、「自分たちだけでは話合いにならないので、ぜひ先生に入っていただきたい」「特に自分が多くほしいとかそういう要求はないので、法律で決まったとおりであれば文句はありませんから」とおっしゃっていただきました。受任通知を受け取ったもう1人の相続人からの電話も同様の話でした。そのうえ、受任通知が返送されてきてしまった2人の相続人の現住所も教えていただき、無事に受任通知を届けることができました。

　こうして、何とか相続人全員と連絡がつき、相続人全員が一堂に集まって協議をすることになりました。その協議の席では、依頼者に対する、他の相続人からの不満が次々と出てきました。依頼者からは聞いていなかった話も多々出てきたことから、ひとまずは各々の相続人の言い分をお聞きするだけという形で最初の協議は終了しました。協議後、依頼者と2人で話をし事実確認をしたところ、渋々ながら協議の席で出てきた事実を認めました。もっとも、どの相続人も法定相続分で分割すること自体には反対していなかったので、相続財産の確定さえできれば、そこまで話がこじれることはなさそうでもありました。他の相続人が、私に対しては一定の信頼を置いてくれたせいか、被相続人名義の預金口座の取引履歴を手分けして取り寄せてくれたり、被相続人の生前の介護費用や葬儀費用についての領収証を送ってくれたりと、比較的スムーズに財産調査を進めることができました。

　そのうえで判明した被相続人の遺産は、わずかな預貯金と都内の自宅（借地上の建物）のみでした。遺産分割協議としては、預貯金はすでに施設に入っている母親へ全て渡し、自宅は依頼者1人が相続するという内容でまとまりました。依頼者の兄弟は、それぞれ独立して自宅を所有していたという事情もあり、借地料の支払い等の被相続人の自宅の維持管理から解放されるだけで十分とのことでした。

この事件の教訓として、いかにファーストコンタクトが大切かということを学びました。特に相続事件は、依頼者のみからの情報だけでは解決できないことが多々あります。そのような場合に、他の相続人の協力をいかに引き出せるかというのは、相続事件のように特に感情的になりがちな事件においては、代理人に対する第一印象が事件の帰すうを左右するといっても過言ではないと思わされました。

> 体験談2

祖父・祖母の相続には要注意！？

弁護士5年目　男性

はじめはよくある話かと

　依頼者の話によると、約30年前に依頼者の祖父が亡くなっているが、依頼者の母を含めた相続人間での遺産分割は行っておらず、このたび母が亡くなって自分が相続したので、これを機に祖父の相続に関する遺産分割を他の相続人2人（依頼者の叔父と叔母）と行いたいが、相手にされないのでお願いしたいとのことでした。遺産としては郊外に複数の土地があることはわかっており、それ以外にはないであろうとのことでした。約30年前の相続ということでしたし、依頼者も不動産以外には興味がないということなので、判明している不動産以外についての調査は行いませんでした。
　祖父や祖母の土地について、自分の親たちが遺産分割を行っておらずそのままということはよくあることですし、親の遺産を相続したのを機にきちんと祖父の遺産も整理しておこうというのに対し、叔父や叔母が面倒くさがっているだけのことだと思い、この時点では特段深く考えて

いませんでした。

何かおかしい

　さっそく、他の2人の相続人に連絡して、面倒くさいことは全てこちらで段取りしますからと説明して遺産分割協議を申し入れたところ、これに応じてもらえることとなりました。また、依頼者は孫で、他の相続人2人は子ということもあり、当方の希望どおり、不動産はその2人が取得し、当方は代償金を支払ってもらうという提案も簡単に受け入れてもらえました。後は代償金の金額だと思っていたのですが、これもこちらの提示額で2人とも問題ないということでしたので、このままあっさりと終わる予定で少し安心していました。

　ただ、私は、こちらの主導で分割手続を進めていることもあり、こちらからの提案やその理由などについても丁寧に説明しておかなければ受け入れないだろうなと思っていたのですが、2人ともそのような話は早めに切り上げ、終始、早く話を終わらせたいというような態度で、当初からずっとそのことが気になっていました。依頼者からの申入れについては相手にしなかったのに、弁護士が入っただけでこんなに態度が変わるものだろうかという違和感がどうしても消えなかったのです。

念のため慎重な調査を依頼

　私は、相続財産について、受任時に依頼者から聞いた不動産以外の調査は何もしていなかったこともあり、念のため依頼者に母親の遺品を少し調べてもらうように依頼しました。相手の相続人である叔父や叔母からはこれ以外に相続財産はないと聞いていましたし、そこまでしておけば、何かあっても自分の責任にはならないだろうというあまり褒められない理由もありました。

すると、しばらくして、依頼者から古い遺産分割協議書が見つかった旨の連絡があり、過去に依頼者の母も含めた相続人3人で一部の不動産について遺産分割協議を行っており、他の2人の相続人はそれぞれ不動産を取得していることがわかりました。なぜ、そのときに全部の不動産について遺産分割を行わなかったのか、なぜ、依頼者の母だけが不動産を取得しなかったのかは、最後までわかりませんでしたが、実は、他の2人の相続人は年齢が近く、依頼者の母は1人だけ一回り以上年齢が離れていたので、そのような事情も何か関係していたのかもしれません。

　いずれにしても、すでに一部分割が行われていたことが判明した以上は、こちらとしてもその分を考慮して代償金の金額を再計算して提示しましたが、今度はそれは拒否されました。

　一部分割が残余財産の分割に及ぼす影響については説が分かれていることもありましたので、この時点で調停を申し立てて、当方から一部分割済みの遺産も加えて遺産全体の評価をし、残余財産の分配において調整すべき旨主張したところ、裁判官もこれに賛同してくれましたので、最終的には当方が支払いを受ける代償金額は当初よりかなり上回りました。

　相続事件において、相続財産の調査には限界があり、相続人らも自己に都合の悪いことは話さないということはもちろんありますが、祖父・祖母の相続に関して、孫が相続人となった場合、親たちの間でどのようなことが過去に行われていたのかがわかりにくいので、相続財産の調査については、通常よりもより一層慎重な配慮が必要になることもあるということを痛感した事件でした。

> 体験談3

手紙を渡す？　渡さない？

弁護士2年目　男性

依頼者Aさんと相続人でない第三者との確執

　十数年前に亡くなった被相続人の遺産分割協議が未了であった事案について、共同相続人D、E（後述）の代理人弁護士から受任通知が届いたという内容で、依頼者Aさんが相談に来ました。

　Aさんは被相続人の子の1人で、被相続人の子はその他にB、Cがいたのですが、Bさんは被相続人の死亡前に亡くなっていたため、その孫のDとEが代襲相続しており、Cさんも、被相続人の死亡後であるもののすでに亡くなっており、Cさんの配偶者とその子2人（以下、「Cさん一家」といいます）の合計6名が相続人という事案です。なお、相続財産は都内の一等地にある土地建物（以下、「本件不動産」といいます）及び預金です。

　Aさんから事情を聴いたところ、相続人のうち、Cさん一家はAさんと対立関係にないようであり、また、Cさん一家は被相続人の配偶者の遺産分割の際、その相続財産の大部分を取得したことから、今回の相続においては、相続財産を一切取得しない意向であることがわかりました。他方、故Bさんの配偶者Fさん並びにその子D及びE（以下、「Fさん一家」といいます）と、Aさん一家（AさんとAさんの子）との折り合いが非常に悪いようで、両者の利害調整が事案解決の鍵となるように思われました。

　D、Eの代理人弁護士（以下、「G弁護士」といいます）との初回の折衝を経て、主として問題となったのは、①被相続人の没後から十数年間、Fさん一家が居住している本件不動産をどうするかという点、②相

続財産の預金について、Ｆさん一家は 2,000 万円ほどあるはずだと主張しているものの、Ａさんはすでに当該預金口座（以下、「本件預金口座」といいます）のお金を費消してしまっており、相手方が主張する預金額は残っていない点の２点でした。

　まず、①本件不動産について、Ａさんは換価分割を希望する一方、Ｆさん一家は、当初、路線価で自分たちが取得することを主張していました。しかし、双方の代理人がそれぞれ不動産業者から売出（見込）価格の見積もりを取得したところ、Ｆさん一家の資力では到底買取ができる価格ではありませんでした。売出（見込）価格が高額であったことから、Ｄ、Ｅからは売却もやむなしとの意向が示されたましたが、相続人ではないＦさんが強固に本件不動産の売却を拒否し、Ｇ弁護士に会うことすら拒む姿勢を示しているとのことでした。

　私は、上記と同時並行的に、②の本件預金についてＡさんから事情を聞きました。Ａさん曰く、「（被相続人の生前に被相続人と同居していた）Ｂが本件預金口座のお金を使っていたことから、被相続人から、被相続人の没後は私が本件預金口座のお金を使ってよいと言われた」ということでした。そこで、私は、(1)Ｂさんが本件預金口座を管理していた期間（被相続人とＢさんとの同居時期）、(2)Ａさんが本件預金口座を管理していた期間（被相続人とＡさんとの同居時期及び被相続人の没後）のそれぞれについて、通帳から、預金の引出額を計算しました。そうしたところ、(1)及び(2)の期間中、それぞれ約 4,000 万円ずつ口座内の預金が引き出されていることがわかりました。そこで、私は、Ｇ弁護士に対し、Ｆさん一家も相続財産の預金口座から 4,000 万円ほど引き出していること、Ｄ、Ｅ（及びその背後にいるＦ）がＡさんの預金の使い込みを主張するのであれば、こちらとしてもＢさんの使い込みを主張せざるを得ないこと、裁判等でそれを争うことはお互いにとってよい結果にはならないことを伝えました。また、同時に、本件不動産についてＦさん一家に話を進めてもらうため、期限を定め、当該期限までに本件不動産の売却の意向に同意が得られない場合、賃料増額の調停を提起する意向があることも伝えました（Ｆさん一家は月額５万円をＡさんに

支払うことで本件不動産に住み続けてきましたが、不動産業者に依頼したところ、適正賃料は40万円弱であるとの算定結果でした）。その後、G弁護士からは、①本件不動産の換価分割に同意すること、②預金については双方主張しない方向とするとの意向が示され、無事に解決の糸口が見えてきました。

Fさんの気持ちはおさまらず……

　上記の方針がまとまり、後は遺産分割協議書の文案を詰め、締結するという段階になって、G弁護士からある提案がありました。Fさんは、Aさんにどうしても言いたいこと（過去の出来事に起因する感情的対立）があり、内容をまとめた手紙をAさんの代理人弁護士である私宛てに送ると言っているようなのです。しかし、G弁護士は、同時に、「先生（私）に送るので、その手紙は先生の手元にとどめてください。せっかくまとまりつつある本件をこれでブレイクさせるのは、私としても本意ではありませんから」と言いました（なお、G弁護士の受任通知も、時候の挨拶から始まる、Aさんの感情的対立を煽らないよう配慮された文章でした）。

　Aさんとしても極めて安い金額で本件不動産に住み続けてきたこと等、Fさん一家に対する不満を縷々述べている状況で、たびたびそのガス抜きに付き合って話を聞いていましたので、G弁護士がAさんに対して上記のような配慮を欠いていれば、本件は解決までにもっと時間がかかったかもしれませんし、また違うプロセスをたどっていたかもしれません。

　結局そのような手紙は届きませんでしたが、相手方代理人は交渉の対立当事者であると同時に、事案の解決という共同の目標に向かって、共同して案件を前に進めるべき相手であると実感した事案でした。

皆さんのために頑張るので
ちょっとお願いが……

弁護士6年目　男性

巻物のような相続関係図を持参した依頼者

　弁護士としてある程度の経験をし、個人事件も増やしていこう！　と思っていた頃、友人の紹介で、「相続に関して困っている」という高齢女性からの相談を受けることとなり、相続だったらそれなりに経験があるから問題ないと、前のめりで相談者とアポをとりました。

　いざ、相談者と事務所で面談をすると、なんと相談者は巻物のように（ちょっと盛っていますが……）長い相続関係図を持参するではありませんか。そう、相談者は、相続人が多岐にわたる相続について、話が進まないと頭を悩ませていたのでした。

　事情を聞くと、被相続人は、沖縄県の石垣島に住んでいた相談者の叔母。被相続人は結婚しておらずお子さんもいないため、7人と多い被相続人の兄弟が法定相続人となります。しかし、被相続人兄弟も皆さん高齢のため、代襲相続や数次相続が多数発生していました。結果的に、相続人は相談者を含め15人と多数にわたりました。相談者は、他の相続人のほとんどと疎遠で、他の相続人同士の関係性も同じ家族を除けばあまり仲良くはないのではないかとのことでした。

　「相続人が多くて大変だ……」と尻込みする一方で、不幸中の幸いといえる部分もありました。上記のような複雑な相続関係の整理を、どうして相談者ができたのかと質問をしたところ、被相続人には、保佐人に司法書士が付いていることが判明しました。相続関係の整理は、その司法書士が対応したとのことです。そして、その司法書士は、遺産の管理

や整理もしてくれていました。そのため、私としては、あらためて遺産の調査を行う必要がありませんでした。

　私は、相続人との交渉がメインの業務になると見据え、相談者から依頼を受けることとなりました。

そりゃそうだなと思う依頼者の要望

　さて、以上の事実を前提として、依頼者の遺産分割に関する要望は単純で、相続財産である石垣島の自宅不動産（土地・建物）を売却し、残りの遺産（預貯金）と合わせた総額を、法定相続分に従って分割するというものです。この要望自体は単純ですし妥当ですが、依頼者の話を聞く中で、依頼者から不満が漏れます。それは「自分が先生に頼んだおかげで、みんなが相続手続の完了という利益を享受するのに、弁護士費用やそれ以外の経費は、私が負担しないといけないんですか……」ということです。これは確かに依頼者のいうとおりだと思えます。相続人が誰も何の行動も起こさなければ、相続手続は進みません。それを依頼者が積極的に動いたおかげで、相続手続が進行するわけです。もちろん、私は依頼者の代理人ですので、依頼者の利益のために動くわけですが、本件のように相続人や遺産の範囲に争いがなく、本人も法定相続分に従った分割を希望しているような場合には、実質的に全相続人共通の利益のために対応することとなります。いわば、遺言執行者と同じような立場です（もちろん、協議の中で争いが生じた場合には前提が変わってしまいますが）。

　そこで、私は、他の相続人に対し、弁護士費用を含め、相続人共通の利益のために支出した費用分については、依頼者が多く相続するよう、提案することとしました。もちろん、私はあくまで依頼者の代理人なので、私の費用を他の相続人に負担してもらうことは基本的にはできません。しかしながら、あくまで諸経費分（弁護士費用だけでなく、依頼者が現地に行った際の交通費、戸籍の収集費用等もあります）を依頼者が

多く相続するという内容であれば、他の相続人が直接負担しているとはいえないし、他の相続人としても納得しやすいのではないかと考えたのです。

必ずしも、みんな承諾してくれるとは限りませんが、依頼者も「一部の方でもご了解いただければありがたいです」と方針については納得です。

とにかく低姿勢！

不足していた戸籍等の調査を終え、いよいよ、私は依頼者以外の相続人に対し、通知を打ちました。通知の際に、私が気を付けたことは「とにかく低姿勢！」です。一般の方にとって、弁護士から通知が来るというのは、かなりストレスフルなことです。相続のこととなれば、「うまく言いくるめられて、全然相続できないことになってしまうのではないか……」と警戒する人もいます。そこで、私は①相続人が多くて、依頼者だけでは対応が難しいこと、②依頼者には法的知識が全くないこと、という弁護士に依頼した理由を明示したうえで、"依頼者は法定相続分に従った分割を希望していて、依頼者が特別多くもらおうと考えているわけではない"ということを強調しました。そのうえで、上記経費負担に関する依頼者の要望に従い、「皆さんのために当職も頑張るので、弁護士費用等依頼者が負担する経費分については、依頼者が多く相続できるよう、何とかご検討いただけませんか」という趣旨のお願いを付記しました。

順調な解決

意外にも、反応は良好で、2人を除き、全ての相続人が経費分の配慮に了承してくれました。もちろん、難色を示した方も2人ほどいたので

すが、この方たちとも、電話等で詳細なご説明をすることで、何とか納得していただくことができました。

　結局、この件は、不動産の売却等の諸手続についても、依頼者の方で進める旨皆さんから同意をいただきました。そこで、私の方で知り合いを伝って石垣島の不動産業者を紹介してもらい、無事売却を進め、現金の形で皆さんにお支払いすることで解決できました。

　依頼者も、弁護士費用の負担が実質的にかなり軽くなったので、大満足です。

　法的な要望でなくても、依頼者の要望には耳を傾け、もっともだと思うことについてはあきらめずに交渉していくこと、そしてその際に相手方へのリスペクト、配慮を忘れてはいけないということを、あらためて実感する事案となりました。

ワンポイントアドバイス

他の相続人への対応

　相続事件において、他の相続人からの協力を得られるか否かという点は、相続財産の調査や結論に大きな影響を与える場合があります。もちろん、最初から敵対しており、到底協力を得られないという場合も少なくありませんが、可能な限り協力を得られるようにしたいところです。

　どうすれば協力を得られるかという答えがあるわけではないでしょうが、やはり王道としては、最初の通知を出す時点から礼節をもって接し、誠実に対応すること以外にはないように思います。誠実な対応を行うことにより、相続人間の関係は悪かったものの、代理人については信用すると言われることも、まれにですがあります。

　実際の事案で、ある相続人が被相続人の財産を管理していたところ、他の相続人の代理人からの通知において、あたかも横領しているかのよ

うな表現がなされており激怒したということを耳にしたこともありますが、少なくとも当初からそのような対応をして得られるものはないように思います。

Method 02 | 手続の選択

▶ 見通しを立てて臨め

——相続がどのように進み、どのあたりで着地しそうか、とり得る法的手段に何があるか、あらかじめ見通しを立てておかないと、事件処理が迷走することになる。

手続の選択

　相続事件をスムーズに解決するためには、手続の選択眼が必要です。相続人同士での直接協議が可能なのか、法的手続を利用する方がよいのか、それは、相続人同士の人間関係やお互いの主張によっても変わってきます。

　また、法的手続を選択する場合であっても、複数の手続が存在するのが相続事件の特徴です。ここでは、法的手続の入り口となる、主な調停と訴訟についてご説明します。

(1) 遺産分割調停

　共同相続人間における遺産の分割方法について、協議がまとまらないときに選択する法的手続です。共同相続人全員が当事者になり、遺産の範囲、評価及び分配方法を決めます。対象とされるのは、未分割の遺産だけですので、金銭債権などの可分債権は、当事者の合意がないと遺産

分割の対象財産とすることができません。

なお、預貯金債権については、判例（最大決平成28年12月19日民集70巻8号2121頁〔28244524〕）により、可分債権ではないとの判断が下されましたので、扱いが変わってくることに注意が必要です。

(2) 寄与分を定める処分調停

相続人が、被相続人の財産形成に寄与した、あるいは、財産の減少を防止した場合に、法定相続分のほかに認められるべき貢献度を定める手続です。遺産分割調停が審判に移行すると、調停時に寄与分の主張をしていても、審判では別途申立てをしないと寄与分については判断されません。

(3) 特別の寄与に関する処分調停

寄与分の請求は、相続人にのみ認められてきましたが、平成30年民法改正により、相続人ではない被相続人の親族も、一定の場合に、特別寄与者として、特別寄与料の請求をすることができるようになりました。

特別寄与者とされるには、①被相続人の相続人以外の親族であること、②被相続人に対して無償で療養看護その他の労務提供をしたことにより、財産の維持または増加させたこと、③特別の寄与であること、という要件があり、さらに、相続の開始及び相続人を知った時から6か月、又は、相続開始の時から1年以内に申立てをする必要があります。

(4) 遺留分侵害額の請求調停

遺留分を侵害された相続人が、受遺者・受贈者に対し、遺留分侵害額に相当する金銭の支払いを請求する手続です。この手続は、遺留分の侵害を知った時から1年、もしくは相続開始の時から10年で時効により消滅するので注意が必要です。

なお、被相続人が2019（令和元）年6月30日以前に亡くなった場合は、改正前民法が適用されるので、改正前民法の規定に従い、遺留分減殺による物件返還請求調停を行うことになります。改正前民法において

は、遺留分に関する権利を行使すると、物権的効果が生ずるとされていたので、遺留分減殺の意思表示をすると、対象の物件の返還を求めることができました。

改正前も改正後も、調停が不成立に終わった場合は、訴訟を提起することになります。

(5) 遺産に関する紛争調整調停

相続人間で相続財産の有無、範囲、権利関係等に争いがある場合に用いる手続です。遺産を分割するにあたり、遺産の内容がはっきりしない場合や、特定の財産が遺産であるかどうかが争われるなどの場合には、遺産分割調停を申し立てても空転する可能性がありますので、先にこの調停を利用します。

(6) 遺言無効確認（調停）訴訟

相続人間で遺産分割をする前提として、そもそも被相続人の遺言とされているものが無効であることの確認を求める（調停）訴訟です。

遺言無効確認事件も調停前置主義が適用されますが、当事者の対立が激しい場合等、調停で解決する余地がないとして調停を経ずに訴訟を提起しても、そのまま審理されることがあるため、調停を経るか否かの判断も必要になってきます。

遺言が有効である前提で所有権移転登記がなされている場合には、所有権移転登記抹消登記手続請求を同時に行うなどして、相続財産をもとの状態に戻し、まっさらな状態で遺産分割ができるようにします。

(7) 不当利得返還請求訴訟

被相続人の財産に使途不明金があり、これを相続人の1人が費消していたというような場合に、その利得の返還を求める訴訟です。相続で紛争が生ずる場合、こうした使途不明金の主張があることは少なくありません。

使途不明金について争いがあるままでは、遺産分割調停を申し立てて

も、遺産の範囲についての合意ができませんので、この訴訟をする必要があります。

調停と審判との違い

　遺産分割調停では、相続人の範囲、相続財産の範囲（評価）、分割方法について順番に定めていきます。協議を進めていく中で、使途不明金や葬儀費用といった付随的問題についてもあわせて解決ができるようであれば、それらも盛り込んだ形での分割について合意することができます。

　調停が不成立に終わると、審判に移行します。審判では、上述のとおり、寄与分については別途申立てがない限り判断しませんし、使途不明金の追及や、誰が祭祀承継者になるかについての争いについては、別途調停なり訴訟なりを行う必要が出てきます。

　また、不動産の分割方法については、①現物分割、②代償分割、③共有分割、④換価分割がありますが、調停では、当事者が合意するのであれば、法定相続分に合致していなくても、柔軟に分割方法を決めることができます。他方、審判においては、全相続人の法定相続分が確保された分割をしなければいけませんし、分割方法も、代償分割を選択するためには、現物分割が相当ではなく、対象不動産を取得する相続人に代償金の支払能力があることが必要になってくるなど、制限があります。

　弁護士としては、紛争解決に必要な手続を選択するとともに、依頼者の希望と他の当事者の意向とを突き合わせて検討し、どの段階でどの程度の成果が得られるかについて、適切な見通しをもっておくことが大切です。

> 体験談 1

調停はまだですか？

弁護士2年目　男性

　相続の件でご相談にいらっしゃったAさんは、大変礼儀正しく、穏やかな方でした。4人兄弟の2番目で長男であるAさんは、自分の家で被相続人である母親を引き取り、面倒をみていたとのことでしたが、2年前に母親が亡くなり、そろそろ相続についても整理しておきたいとおっしゃいました。

「遺産と言っても、田舎に家が一軒あるだけで、大した金額じゃないんですが」

と恐縮しながら、Aさんは、母親名義で田舎に一軒家があること、そこにはもともと母親が住んでいたが、自分が母親を引き取った8年ほど前から空き家になっており、兄弟は皆、自宅がそれぞれあるし、おそらく誰も欲しがらないだろうから、売却して分けてしまいたいことなどを丁寧に説明してくださいました。

　私は、Aさんのご家族の家系図を聞き取り、相続人が兄弟4人だけであることを確認し、事前の話合いをしたのかどうかを尋ねました。

「それが、……話合いができないんです」

　Aさんは悲しげな表情を浮かべてそうお話しされました。

　何か分配についてもめるようなことがあるのか尋ねたところ、分配方法について主張をするような人もいないけれど、手紙で話合いを呼び掛けても返事もないとのことでした。

　私は、遺産分割協議ができないのであれば、裁判所での調停を行いましょうと説明し、こう言いました。

「相続人の範囲も明確ですし、財産もはっきりしているので、申立てはすぐにできると思います。内容としても、売却して相続分で分けるということで、ほかの相続人から違う意見が出なければすぐに終わります

ね」

　実は、その当時、私は遺産分割調停の経験がありませんでした。いえ、遺産分割調停どころか、相続案件自体が初めてでした。そして、実際に取り掛かってみて、自分の見立てがいかに甘かったか、思い知らされることになりました。

　まず、戸籍の追跡に苦労させられました。遺産分割調停の申立てには、相続人であることを確定するに足りる戸籍謄本類を揃えなければなりませんが、被相続人が本籍地を何度か移していたこともあり、何度かに分けて取得しなければなりませんでした。癖のある手書きの戸籍に四苦八苦しながら、戸籍が揃いつつある頃、新たな事実が判明します。

　他の相続人に受任通知を送付していたのですが、発送から1〜2か月ほど経って、Aさんの弟Bさんのお子様から、Bさんが実は行方不明であるとの連絡が入り、Bさんは、住民票のある住所地に住んでいないことがわかりました。

　Bさんのお子様に事情を尋ねても、お子様も没交渉だったそうで、現在の居所がわからないというので、慌てて今度は不在者財産管理人の申立てを行う準備を始めました。

　ご依頼いただいてから半年ほど経って、Aさんから言いにくそうに
「調停の申立ては、まだ先なんでしょうか」
と尋ねられた時には、「すぐに」と安易に言ったことを後悔したのは言うまでもありません。

　手続にどのくらい時間がかかるかの見通しもそうですが、予想外のことが起きて大幅に予定が延びる場合には、依頼者によく説明して納得していただくのが大事です。

最後に困るのは……

弁護士5年目　男性

　被相続人は、不動産を中心とした遺産を残していました。

　相続人は2人で、被相続人の長男のX氏は、不動産の取得を希望しており、もう1人の相続人である弟のY氏との話合いは決裂したとのことで、ご依頼いただきました。

　X氏の主張は、被相続人の面倒をみてきたのは自分だったのだから、不動産は自分が取得するのが当然で、Y氏にはハンコ代を払うくらいでよいはずだ、というものです。

　私からは、法定相続分が2分の1ずつであることを起点に考えなければいけないこと、相手方が争っている場合に、療養看護をしていたことの主張・立証は簡単ではないこと、療養看護による寄与分は、X氏が思っているほど大きくはないものであることなどについて説明し、不動産を取得したいのであれば代償分割の方法を希望するのがよいが、ただし、不動産の評価額によっては支払う金額が大きくなるので、慎重に検討した方がよいと説明しました。

　X氏は、私が認められるであろうと示した寄与分が、期待を大きく下回っていたことから、大変落胆しましたが、不動産の取得は絶対にあきらめたくないとのことでした。

　Y氏が調停を申し立て、期日に話合いが行われましたが、Y氏は、換価分割を希望するが、代償分割であってもかまわないと主張しました。

　そこで、不動産の評価が問題になりました。双方での査定価格は歩み寄り困難なほどの金額の差が出てしまい、鑑定費用の負担をめぐってひと悶着がありました。

　というのも、Y氏が鑑定費用を負担したくないと主張したためです。X氏にとってみれば、Y氏が申し立てた調停である以上、Y氏が鑑定費

用を負担すべきであり、代償金を支払う側の自分が負担をするのは筋が違うという思いがあります。

しかし、不動産の評価が決まらないままでは、遺産分割調停は進めようがありません。

仮に、調停が不調になって審判になると、不動産について代償金を支払うことができなければ、換価分割になることが考えられます。共有分割になったとしても、最終的には共有物分割請求をされれば、売却は避けられないでしょう。実際に、評価額は高額になる見込みであり、代償金の支払いは難しいことが予想されました。

そのため、審判になった場合の見通しをX氏に説明し、Y氏と双方で費用負担をすることで合意し、鑑定にこぎつけました。

X氏とY氏は、兄弟での話合いの席でも罵り合うなど、感情的に相当こじれてしまい、調停の段階でも容易に折り合えない状況になっていましたが、最後に困るのは誰か、という点から冷静さを取り戻せたX氏は、最終的に不動産の取得もできましたし、よい結果となったと思います。

ワンポイントアドバイス

調停の終了事由

調停は、当事者間で解決の合意ができた場合は「成立」し、合意が不可能であると認められると「不成立」となります。

遺産分割調停の場合、相続人の範囲や遺産の範囲といった、遺産分割の前提に関する問題について合意ができない場合は、訴訟等で解決したうえで遺産分割を進めるべきとの考え方から、裁判所は申立人に「取下げ」を勧めることがあります。これらの前提に関する問題がいつまでも解決せず、また、取下げもしないという場合には、「なさず」といって

調停をしない措置（家事事件手続法271条）をとることも可能です。
　調停の申立ての際には、訴訟と同じく、どのような終了が見込まれるか、慎重に検討して臨むべきでしょう。

Method 03 | 利益相反

▶ **利益相反くれぐれもご用心**

――相続事件の複数相続人からの受任は、形式的には、受任の時点で利益相反であることから（民法108条）、潜在的に依頼者間で将来利害の対立が生じる可能性が潜在する。そのため、事件の相談・受任時だけではなく、受任中においても、常に、依頼者間に利害対立が生じるおそれを意識する必要がある。

　また、法が定める利益相反行為（同法826条、860条）については、遺産分割協議等において、権限のない親権者・後見人による無効な法律行為が行われないよう、十分に留意する必要がある。

相続事件の複数受任は形式的には利益相反

　相続人A、B及びCがいる場合に、弁護士がA及びBから相談を受け、事件を受任することがあります。しかし、例えば遺産分割の場合、相続人の一方の取り分が増えれば、他方は減る関係にあることから、A、B双方から依頼を受けることは形式的には双方代理として利益相反となり（民法108条）、これを受任するには、依頼者及び他の依頼者のいずれもが同意することが必要です（同条ただし書、弁護士職務基本規程28条3号、同条柱書）。

　また、相談時や受任時には問題がなくても、事件が進むにつれ、A

とB相互に利害の対立が表面化し、そのままでは弁護士業務を遂行することが困難になることも考えられます。相続事件を受任するにあたっては、この利益相反のことを常に考えておかなければなりません。

相談時の注意点

　複数の相続人が一緒に事件の相談に来ることはよくあることです。しかし、話を聞いてみると、必ずしも方向性が一致せず、利害の対立があることもあり得ます。弁護士は、それを一旦聞いてしまえば、一緒に相談に来た相続人のうちの1人の依頼を受け、同じ相談に来た他の相続人を相手方にすることはできません。一緒に相談した相手方の信頼を裏切ることになるからです（弁護士職務基本規程27条1号）。
　したがって、相続に関する相談を受けるにあたっては、できる限り、まずは、相続人の1人からのみの相談にとどめることが肝要です。

受任時の注意点

　弁護士は、同一の事件について複数の依頼者があってその相互間に利害の対立が生じるおそれがあるときは、事件を受任するにあたり、依頼者それぞれに対し、辞任の可能性その他の不利益を及ぼすおそれのあることを説明しなければなりません（弁護士職務基本規程32条）。
　前述のとおり、相続事件、特に遺産分割事件などは、形式的にもすでに利益相反の関係にあり、将来、相続人間の利害対立が表面化する可能性も少なくありません。そのことは、それぞれの依頼者にきっちりと説明し、事前の同意を得ておく必要があります。同意を得るにあたっては、必ず確認書を作成し、書面による同意を得ておきましょう。

受任中の注意点

　弁護士は、複数の依頼者があって、その相互間に利害対立が生じるおそれのある事件を受任した後、依頼者相互間に現実に利害対立が生じたときは、依頼者それぞれに対し、速やかに、その事情を告げて、辞任その他の事案に応じた適切な措置をとらなければなりません（弁護士職務基本規程 42 条）。

　事件を遂行している途中で、相続人間の利害対立が現実化した場合、弁護士は、まず、全ての依頼者に対し速やかにことの次第を説明し、調整を図り、やむを得ない場合には全員から辞任するのが原則です。弁護士は守秘義務を負っており、受任時に知り得た秘密を用いてその後の業務を遂行するおそれがある以上、一部の相続人からの受任のみを継続することは許されないと考えられるからです。

　なお、実務上は、協議が整い、遺産分割などの調停を成立させる段階においては、当事者本人又は当事者それぞれの代理人が出頭し、調停条項の内容等について直接確認させ、疑念が生じないような措置を講ずることが多いとされています。

未成年者と親権者・被後見人と後見人との間の利益相反

　親権者と後見人については、親権者と子又は後見人と被後見人の利益が相反する場合には特別代理人の選任を家庭裁判所に請求する義務があります（民法 826 条、860 条）。例えば、未成年者と親権者がともに相続人である場合には、親権者と未成年者の利益が相反するため、未成年者について特別代理人を選任することが必須となります。

　他方、特別代理人には、通常弁護士が選任されることになると思われますが、その特別代理人には、善管注意義務が課され、遺産分割協議においても、被相続人の遺産を調査するなどして、その協議の相当性を判

断する注意義務を負うことから（岡山地判平成22年1月22日判タ1376号170頁〔28181266〕）、親権者側から提出された遺産分割協議案に漫然と印鑑を押すようなことがないよう留意することも必要です。

> 体験談1

揺らぐ相続人の気持ち・権利と人情

弁護士5年目　女性

仲のよい長男・長女、没交渉な二女

　事案は、長男、長女及び二女の3人の子どもがいる被相続人の遺産分割に関するものです。相続人のうち、長男及び長女が相談に来ました。主な遺産は、自宅と高額の預金で、当初、被相続人は長男と自宅で同居していましたが、その後自宅から遠方の施設に入所し、近くにいた長女が被相続人の世話をしていました。被相続人は、10年にわたる闘病生活の末亡くなり、長男は住んでいる自宅を、長女は預金を相続したいと考えていましたが、若いうちに海外に出た二女との間で、自宅の評価について折り合いがつかず、二女がほとんど家族と没交渉であったという感情的な対立もあり、遺産分割調停を申し立てたいとの希望でした。

　この事案は、自宅の評価が争点であり、長男が取得を希望する自宅の評価が低ければ低いほど、長女の取得する預金は少なくなるため、将来長男と長女間で利害対立が生じるおそれが高いことを説明しましたが、長女は問題がないとのことだったので、利益相反に関する同意書をもらい、長男及び長女の代理人として遺産分割調停を起こすことにしました。

　始まった調停ですが、二女は代理人を立てず本人が調停に出頭し、海外出張も多いとのことで、たびたび期日の変更を申し出て、調停は長期

にわたりました。また、二女は、海外生活が長かったからか権利意識が高く、家族と没交渉であったとしても、相続は権利であると強硬に主張する態度で、話合いの場であるにもかかわらず、長男・長女との感情的対立はむしろ強くなっていきました。

我慢していた長女・長男の人情

　調停開始後10か月くらい経った頃、長女から私に対し突然電話がありました。「長男と二女は、家の値段をめぐって争いが止まらない。二女は施設の被相続人に会いに来たことさえない。誰が被相続人の世話をしたんだ。誰が被相続人を看取ったんだ。10年間苦労してきたのは私だ。兄妹が勝手を言うなら、私だって言いたい。私が介護で苦労した分を私の相続分に反映したい」と、寄与分を主張する電話でした。

　弁護士職務基本規程42条は、弁護士は、複数の依頼者があって、その相互間に利害の対立が生じるおそれのある事件を受任した後、依頼者相互間に現実に利害の対立が生じたときは、依頼者それぞれに対し、速やかに、その事情を告げて、辞任その他の事案に応じた適切な措置をとらなければならないとしています。

　長女の寄与分の主張は、長男との間で現実の利害の対立が生じたといえるものだったので、長男と長女を呼び出し、当事者双方から事情を聞くことにしました。その席で、長女は長男に対して自分の思いをぶつけました。ところが、それを聞いた長男は、反発することもなく、「悪かった。悪かったな」と言いました。誰が一番しんどい思いをしていたかを理解していなかったと。そして、自分の相続分から自宅の価値を除いた預金を全て長女に譲ると言い出しました。

　結局、私自身は、双方の代理人を辞任せず、遺産分割調停は、長男負担による鑑定を行い二女との間で話をまとめ、他方、長女に対し長男が相続する預金の一部を譲ることにより解決することになりました。

　同条は、一律に「辞任」するとはしておらず、「その他の事案に応じ

た適切な措置をとらなければならない」とし、受任弁護士としては、依頼者相互間に現実に利害の対立が生じたときでも、利害の調整が全く不可能か否かを慎重に見極め、なお調整が可能であるならば、各依頼者の利益にかなうように、依頼者と十分な協議をして、その間の調整を試みることが必要であるとしています。その意味を、実感した事件でした。

> 体験談2

未成年者が相続人の場合の特別代理人

弁護士10年目　男性

親子間での遺産分割協議

　被相続人である夫が亡くなり、遺言書が存在しないため、その相続人である妻と未成年者（小学生）の子とで遺産分割協議を行わなければなりませんでした。
　未成年者は、行為能力がありませんので、単独で法律行為を行うことはできず、通常はその父母が法定代理人として法律行為を行うことになります。しかし、本件のような相続の場面では、相続人である妻と、その子である未成年者との間で、妻が未成年者の法定代理人として遺産分割協議を行う際に、妻が自身の相続分を多くし、未成年者の相続分を少なくすることが可能になり、利害が対立することになります。
　このような場合には、未成年者の相続分を保護するため、遺産分割協議を行うにあたっては、特別代理人の選任を家庭裁判所に請求することが義務付けられています（民法826条1項）。

特別代理人の選任申立ての実際

　実際には、ほとんどの場合、遺産分割をどのように行うかは親権者が決め、未成年者らはその遺産分割に異議を述べることは少ないと思われます。
　通常は、親権者側が家庭裁判所に対して、特別代理人選任の申立てを行う際に、相続関係を証明する戸籍や、遺産分割協議案、候補者となる特別代理人の住民票などを添付することになります。
　特別代理人の推薦は、遺産分割に利害関係がない第三者であれば誰でもよいのですが、通常は申立人側に弁護士が就任していることが多いので、推薦される側も弁護士であることが多いでしょう。
　特別代理人の推薦を受けた者に対しては、家庭裁判所から申立人や利害関係人との関係性、職業、遺産分割協議書案に対する意見などの問合せが書面で行われ、裁判所において選任の可否を判断し、特別代理人の選任が認められることになります。
　本件では、遺産の中に不動産が含まれており、その管理は親権者が行うため、親権者がその所有権を取得することになっていました。
　その結果、未成年者が取得する相続分が法定相続分より少なくなることになっていたため、そのような遺産分割協議を行う合理的な説明が必要でした。
　その合理的説明をどのように行うかは、申立書の中で行うか、遺産分割協議書案の中で説明してしまうかなど方法はありますが、今回は遺産分割協議書案の中で1つの条項にまとめて行いました。
　無事選任が認められた後は、特別代理人に選任された弁護士に、未成年者の特別代理人として遺産分割協議書に押印をしてもらい、遺産分割協議が成立となります。
　なお、令和4年4月1日から、成年年齢が20歳から18歳に引き下げられていますので、注意が必要です。

特別代理人に就任する側の弁護士の留意点

　特別代理人に選任された場合、同人はその権限を行使するにつき善管注意義務を負うため、遺産分割協議を成立させるにあたっては、被相続人の遺産を調査するなどして、当該遺産分割協議案の相当性を判断する注意義務を負うとして、特別代理人に対する不法行為責任を認めた裁判例（前掲平成22年岡山地判）がありますので、親権者側から提出された遺産分割協議案に漫然と印鑑を押すようなことがないよう留意することが必要です。

ワンポイントアドバイス

相続事件におけるその他の利益相反の問題

　今回取り上げたほかにも、相続事件を取り扱うにあたり留意すべき利益相反の問題があります。

(1) 遺言執行者と相続人との利益相反
　1つは、遺言執行者と相続人との関係です。具体的には、弁護士が遺言執行者となった場合において、遺留分侵害額請求など相続人間に遺言や相続財産等に関して紛争が生じた場合、遺言執行者弁護士は、一部の相続人の代理人となれるかという問題です。
　結論としては、遺言執行が終了していない時点においては、一部の相続人の代理人になるのは差し控えるべきであると言わざるを得ず、遺言執行が終了した後であっても、少なくとも当事者間に深刻な争いがあって、話合いによる解決が困難な状況においては、遺言執行者に就任した弁護士が一部の相続人の代理人となることも、差し控えるべきとされています。これについては、Method15（遺言執行）にて詳しく取り上げ

ましたので、そちらをお読みください。

(2) 後見人と相続人との利益相反

　もう1つは、後見人と相続人との関係です。具体的には、後見人弁護士が被後見人の財産管理を行っていたところ、被後見人に相続が生じた場合に、後見人であった弁護士が一部の相続人の代理人として遺産分割事件に関与することが許されるかという問題です。

　この点について、成年後見人の職務と遺言執行者の職務との間には類似する面があり、一部親族の意向に沿って行動することは、成年後見人の職務の公正性が疑われる場合があるところ、本件で対象弁護士が代理人となった相続人と懲戒請求者との間には相続開始前から対立があり、後見人の職務で知った事実が懲戒請求者の特別受益に関係するなど成年後見人として知り得た事実を一部相続人の利益に利用して相続人間の紛争に関わることになり、成年後見人の職務の公正さを疑わせるとして、原弁護士会懲戒委員会に事案の審査を求めることを相当とする旨、日弁連綱紀委員会が議決したものもあります（日弁連綱紀委員会平成22年9月22日弁護士懲戒事件議決例集13集191頁）。ただし、同決議に基づき原弁護士会懲戒委員会が戒告処分を行ったところ、日弁連懲戒委員会はこれを取り消す議決を行っています（日弁連懲戒委員会平成25年2月12日弁護士懲戒事件議決例集16集3頁参照）。

　その任務も被相続人の死亡により終了するため、後見人であった者を遺言執行者と全く同列には論じられません。結局この問題は、利益相反の問題というより弁護士職務基本規程5条及び6条の誠実公正義務、品位保持義務の問題であり、後見人であった者が一部相続人の代理人となることが直ちに非行にあたるとは解されていないようですが、当然、後見人の職務の公正に対する社会的信頼を害するような行為は慎むべきです。

　少なくとも、成年後見中の行為について、善管注意義務違反や後見報告書の内容の不正不備が存し、一部相続人からの受任がそれを隠匿する目的であったり、相続人間で争いになった内容について、成年後見人で

なければ知り得なかった事実を、依頼相続人のために利用するような場合は、懲戒処分の対象になると考えられますので注意が必要です（前掲日弁連懲戒委員会平成25年2月12日議決）。

Method 04 | 相続人の探し方

▶ 戸籍はドラマ

——我が国では人の出生から死亡に至るまでの親族関係を公証する制度として戸籍が整備されているので、相続人の調査は、戸籍の謄本や記録事項証明書を取得することから始まる。

　被相続人の一生の親族関係を把握するためには、戸籍謄本等を何通も取得することが必要になるのが通常であり、たくさんの戸籍謄本等を郵送で取り寄せるには日数がかかることを見込む必要がある。また、戸籍は個人のプライバシーに直結するものであり、戸籍謄本等の職務上請求をめぐるトラブルも増えている。したがって、必要な範囲を超えて戸籍謄本等を取得しないように留意することも必要である。

戸籍をめぐる用語あれこれ

(1) 謄本・抄本・記録事項証明書

　戸籍は本籍地の市区町村で管理しており、かつては戸籍簿という紙の台帳を作成していましたが、平成6年からコンピュータ化が進められています。

　紙の戸籍簿（原本）に記載された人全員分の写しを「謄本」、1人分の写しを「抄本」といいます。コンピュータ化された戸籍は原本と写しの概念がなくなるので、戸籍情報を印字出力したものを「記録事項証明

書」と呼びます。記録事項証明書も、戸籍上の全員分か1人分かで「全部事項証明書」と「個人事項証明書」に分かれます。

　相続人調査では、被相続人の親族関係を漏れなく把握する必要があるため、謄本又は全部事項証明書を取得するのが普通です。

(2) 除籍・改製原戸籍

　戸籍に記載されている人が亡くなったり、婚姻等により他の戸籍に移ったりすると、もとの戸籍から除かれます。記載されている全員が除かれた戸籍は「除籍」として戸籍と区別されますが、戸籍と同様に「除籍謄本」や「除籍全部事項証明書」が取得できます。

　また、コンピュータ化された戸籍は、紙の戸籍簿が電子記録による戸籍に「改製」されています。従来の紙の戸籍は「改製原戸籍」として保存されており、その記載内容について「改製原戸籍謄本（抄本）」を取得することができます。

　同時に、改製後の記録事項証明書には、改製前に戸籍から除かれた者は記載されず、また、離婚や離縁に関する事項が表示されない場合があるので注意が必要です。

　なお、改製はコンピュータ化の際だけでなく、戦後の家族制度改正によって戸籍の様式が大きく変更されたときにも行われていますので、複数種類の改製原戸籍が存在します。

(3) 附票・除票

　人の居住関係は住民票（住民基本台帳）という、戸籍と別の仕組みで記録されていますが、戸籍と住民票を結びつけるのが「附票」です。

　「戸籍の附票」には、戸籍に記載された人の住民票上の住所が記録されています。従前は、戸籍から除籍されると、その戸籍の附票は「除附票」となり、除籍から5年間保存することとされていました（ただし、保存期間経過後の扱いは自治体によって異なり、証明書が発行されない場合が多かったようです）。しかし、令和元年6月20日より、住民基本台帳法の一部が改正され、除票については150年間保存されることにな

りました。

戸籍に基づく相続人調査は、上向きの芋掘り？

(1) 配偶者相続人の有無は、被相続人が亡くなった時点の戸籍のみで明らかになることが多いのですが、血族相続人は、兄弟姉妹の子（代襲相続人）に至る可能性まであり、調査範囲が広範になる場合もあります。

　まず被相続人の死亡が記載された戸籍（除籍）謄本等を取得し、死亡時点での配偶者と子（血族第1順位相続人）の有無を確認するのが通例だと思います。ただし、コンピュータ化による改製前に婚姻等で戸籍から除かれていた者は、現在の記録事項証明書に記載されないので、改製原戸籍も取得する必要があります。

(2) 戸籍謄本（記録事項証明書）の記載から、被相続人がその戸籍に入った日と除かれた日を特定します。

　別の戸籍から移ってきた場合には、前の本籍地が記載されているので、その市区町村役場から、前の戸籍を取得します。これを繰り返し、被相続人の出生が記録された戸籍にたどり着くまで、時間軸を遡って掘り出していく作業になります。

(3) 被相続人が、一生のうちに結婚したり、子が出生したりしていれば、必要に応じて配偶者や子の現在の戸籍も取得します。子が亡くなっているときは、その子の戸籍を追いかけて、代襲相続人を探すことになります。

　また、第1、第2順位の血族相続人がいないときは、兄弟姉妹が相続人になるため、被相続人の両親が婚姻してから亡くなるまでに生まれた子全員を調査する必要も出てきます。

(4) なお、令和6年3月1日より、戸籍の広域交付制度が運用されてい

ます。本人、配偶者、直系尊属及び直系卑属の戸籍等であれば、遠方を本籍地とする戸籍であったとしても、最寄りの市区町村役場で取得することができるようになりました（コンピュータ化されていない一部の戸籍・除籍を除く）。そのため、同制度の施行後は、請求者本人であれば戸籍を早期かつ簡便に収集することが可能となっています。

謄本が取得できないことも

戸籍謄本を請求すると関東大震災や太平洋戦争の戦災で戸籍が滅失してしまったため、戸籍謄本を発行できないという告知書が市区町村役場から届くことがあります。この場合、戸籍の内容が証明できないことになってしまうので、戸籍謄本が必要になる理由に応じて、例えば登記移転であれば法務局、預貯金の処理であれば金融機関と個別に相談する必要があります。

体験談1

戸籍から見える近現代史？

弁護士6年目　男性

相続人調査の開始

登記名義が10年以上前に他界した方のままになっている不動産を処分したいという相談を受けたときの話です。依頼者は、登記名義人の二男と、長男の配偶者とその子（長男も最近亡くなったため相続人になった）でした。不動産の譲渡先はほぼ決まっていて、登記さえ綺麗にすれ

ば処分できる状況だったのですが、登記名義人と長男のどちらも遺産分割協議が行われていませんでした。

　登記名義人も長男も、戦前に日本占領下の朝鮮半島で生まれてから日本国内に移住し、戦後に日本に帰化した方でした。相続人を調査するため、被相続人の出生から亡くなるまでの戸籍を集めるにあたり、帰化後の戸籍は日本の役所でとれますが、それ以前の戸籍は韓国大使館から取り寄せる必要があるということでした。

　日本の戸籍であれば職務上請求を利用して取得できますが、韓国大使館の場合、代理人が取得する手続はかなり煩雑なようだったので、相続人の方にとってきてもらいました。

戸籍の言語の変化

　届いた戸籍を見ると、日本占領下で作られた戸籍は日本語（漢字カナ）で書かれており、氏名も日本風のものになっているのですが、終戦後は漢字ハングル表記となり、氏名も現在我々が目にする韓国風のものになっていました（戸籍事項欄に「朝鮮姓名復旧令」という言葉がありました）。

　1人の戸籍の中に、戦前から戦後に至る極東の歴史が書き込まれているように思いました。

関東大震災や東京大空襲も

　別の事件で、戦前、東京の旧神田区や旧麹町区（今の千代田区の一部）に住んでいた方の終戦前の戸籍（除籍謄本）がとれないことがありました。

　代わりに、大正12年9月1日の震災（関東大震災）や、昭和20年5月26日の戦災（東京大空襲）で焼失したため、戸籍謄本を発行できな

いという「告知書」が、区長名で発行されました。

こういうところにも歴史が垣間見える気がしました。

> 体験談2

相続人に行方不明者がいる場合

弁護士10年目　男性

戸籍を調べると兄がいた！

　私が関与した、相続人に行方不明者がいた事例を紹介します。

　被相続人である相談者の母の主な相続財産は、相続財産評価上小規模宅地の評価減の特例の対象となる自宅土地・建物、6,000万円の国債及び300万円の預金で、相続税の基礎控除額を超える財産がありました。

　被相続人の夫はすでに亡くなっていたため、相続人は相談者とその弟だけだと思っていたのですが、被相続人の戸籍を調査したところ、被相続人には相談者の父と結婚する前に離婚歴があり、離婚した元夫との間に男子（相談者の兄）が1人いることが判明しました。相談者は、母から離婚のことは生前全く聞かされておらず、兄の存在を知りませんでした。母方の祖父母はすでに他界しており、被相続人には兄弟姉妹もいないため、母の元夫や兄について知る者は、相談者の親族にはいませんでした。

兄の行方がわからない！

　そこで兄の住民票上の住所に相続について通知書を郵送したのですが、

「あて所に尋ねあたりません」となって戻ってきました。現地を調査したところ、兄の住民票上の住所はアパートの1室で、部屋には6年前から別の人が住んでいました。アパートの大家さんに話を聞くと、兄が6年前までアパートに住んでいたことは覚えているが、アパートを出た後の行方は全く知らないとのことでした。兄の戸籍を見ると、兄には兄弟姉妹はおらず、結婚歴はなく、子どももいませんでした。被相続人の元夫は再婚はしないまま10年前に死亡しており、兄の4親等以内の親族も全て死亡していました。兄のはとこ（6親等）の連絡先がわかったので、兄がどうしているか手紙で尋ねましたが、兄とは会ったことはなく存在自体知らないとのことでした。このように、兄が現在どうしているのかを知る手がかりが全くない状況でした。兄の住所を管轄する警察署に捜索願も出しましたが、兄に関する情報は全く出てきませんでした。

不在者財産管理人の選任

　兄については、現時点では最後に生存を確認できた時から6年しか経っていないので、1年後を目処に失踪宣告をすることにしましたが、不在者財産管理人が必要かどうかについても検討しました。失踪宣告の審判が出るまで母の遺産分割を行わず、兄について失踪宣告が出された時点で、母を被相続人とする相続と兄を被相続人とする相続をまとめて行うことも考えました。

　しかし、①兄の失踪宣告が可能になる前に相続税の申告期限（相続開始を知った日の翌日から10か月以内（相続税法27条））が来ること、②相続税の申告の際に小規模宅地の評価減の特例を利用したいので、できれば相続税の申告前に遺産分割協議を成立させたいこと（小規模宅地の評価減は原則として申告期限までに対象となる宅地が分割されていることが要件（租税特別措置法69条の4第4項本文））、③相談者が子の大学の進学費用に困っており、相続財産の国債の法定相続分相当額を早く取得したいと希望していること等から、兄について不在者財産管理人

選任の申立てを行い、不在者財産管理人との間で遺産分割協議を行い、相続税の申告も不在者財産管理人と共同で行う方針を立てました。

　遺産分割を予定していることから相談者や弟と不在者財産管理人は利害が対立するので、不在者財産管理人には、弁護士が選任されました。遺産分割協議を成立させることは民法103条の規定する権限を越える行為で不在者財産管理人はこれを行うには家庭裁判所の許可が必要なので（同法28条）、分割協議は預金と国債は法定相続分で分割し、自宅土地・建物は持分3分の1ずつで共有する内容にし、不在者財産管理人がこの内容で協議をすることについて家庭裁判所から権限外行為許可審判を得たうえで、遺産分割を行いました。不在者財産管理人に対する報酬は、報酬付与の審判を経て、兄が相続した預金から支払われました。

失踪宣告

　兄がアパートを退去した日から7年経過した後、兄の住所地を管轄する家庭裁判所に失踪宣告審判の申立てを行いました。途中公告期間（家事事件手続法148条3項により普通失踪の場合は3か月、危難失踪の場合は1か月を下ってはならないとされています）を経て、失踪宣告がされました。そこで、兄を被相続人とする遺産分割協議を相談者と弟の間で行いました。

本当に行方不明？

　相談者が、相続人の〇〇さんが行方不明だと言っていても、じっくり話を聞くと、単に長期間連絡をとっていないだけであるとか、不仲であるとか、相続財産を渡したくないので行方不明といって存在を隠しているだけといったこともあります。相談者が、相続人に行方不明者がいるといっても安易に信用せず、所在を調査することを怠ってはいけません。

また、現在戸籍だけでは判明しないこともありますので、除籍謄本や原戸籍等を入手し、綿密に確認する必要があります。

> **ワンポイントアドバイス**

相続人の探し方

　相続案件を進めるためにはまず相続人を確定し、各相続人の相続分を確定しなければ話を進めることはできません。

　相続人が多数いる場合は、戸籍を集めるだけでも時間がかかりますし、相続人を調べていく中で相続人の中に行方不明者がいたり意思無能力者、制限能力者等、単独では遺産分割協議を行うことができない者がいたりすることもあり、そのような場合には、遺産分割協議を始めるまでに一定の時間が必要になりますので、そのような可能性を踏まえた見通しを立てておくことが必要です。

Method 05 | 相続財産（等）の探し方

▶ 相続財産を探し漏らすな

——被相続人が遺言書もなく死亡した場合、残された相続人が相続財産の概要を把握していないことが散見される。

また、被相続人が遺言書を作成しているかどうかわからないこともまれではない。

そのような場合、代理人において遺言書の存在や、被相続人の財産を探すことから始めることになる。

本 Method では、相続財産の探し方、また相続財産の整理の仕方について注意点を指摘する。

積極財産の調査

(1) 預金残高証明書等の取得

金融機関の預金残高を確認するためには、まずは被相続人が有していた預貯金通帳を持ってきてもらいます。しかし、中には通帳が紛失していたり、争いがあって確認することができなかったりする場合もあります。その際は、対象となる金融機関に対して、必要書類（被相続人の出生から死亡までの戸籍謄本、相続人の戸籍謄本、代理人として行う場合には実印押印の委任状、印鑑証明書など）を提出し、相続人の代理人として預金残高証明書を入手することになります。

残高証明書には、相続発生時点の残高と、現在時点の残高（預貯金凍結時点の残高）を記載してもらいます。遺産分割手続は、現存する積極財産を分割する手続ですが、預貯金口座を凍結していない場合、相続発生から凍結時点までに預金額の変動があることが多いです。そのため、現在時点の残高（預貯金凍結時点の残高）を証明書に記載してもらうことが重要になります。

　また、被相続人が貸金庫を利用していた場合などは、貸金庫契約の有無を照会することもあります。ただし、貸金庫があった場合でも、貸金庫の開扉については、全相続人の同意や立会いを要求する金融機関も多く、直ちに開扉できるとは限りません。

(2) 預貯金履歴の取得

　金融機関から、預貯金履歴を取得して、入出金を調べます。預貯金履歴の開示期間は、可能でしたら直近10年間がよいかと思います。

　入出金履歴をたどっていくと、保険料の引き落とし、株の配当や出資金の配当、他行定期預金への振込、固定資産税・都市計画税の支払等の履歴を調査することができ、新たな相続財産を発見するヒントをつかむことができます。また、生前贈与や使途不明金があるか否かを調査することもできます。

(3) 確定申告書の取得

　被相続人が税務申告をしている場合、確定申告書を取得することも重要です。

　確定申告書からは、被相続人が所有する不動産、生命保険契約の有無等を調査することができます。また、生前贈与がなされているか否かも調査することができます。

(4) 不動産

　特に、被相続人の所有であった不動産についての登記済権利証や固定資産税の課税通知書がある場合、ほかに不動産がないかを確認すること

も必要です。

具体的には、市役所の資産税課、都税事務所等で、固定資産税課税台帳（いわゆる名寄帳）の閲覧請求をして確認します。

請求には、預金残高証明書を取得する場合と同様の書類が必要になります。

(5) 株式

被相続人が上場会社の株式を保有していた場合、取引先の証券会社に対して、相続開始時に被相続人が保有していた株の残高証明書を発行してもらいます。被相続人が株式を保有していたのか等については、証券会社からの報告書や配当金の振込等によって確認します。

被相続人が非上場会社の株式を保有していたことがわかっている場合、発行会社に対して株主名簿発行を依頼したうえで、株主であることを確認することができます。また、法人税申告書を入手できる場合、別表2「同族会社等の判定に関する明細書」でも持株数を把握することができます。

(6) その他

上記の財産のほかにも現金や不動産賃借権、ゴルフ会員権、知的財産権、貴金属や着物、家財道具なども相続財産に含まれることがありますので、注意が必要です。また、被相続人が会社の役員であった場合には、会社への貸付金がないかも確認する必要があります。

(7) 財産目録の作成

調査をした結果、判明した相続財産については財産目録という形で整理をします。

公正証書遺言の調査

　被相続人が公正証書遺言を残しているかどうかわからない場合、公証役場に問合せをして被相続人の公正証書遺言の有無を確認することができます。
　この問合せはどこの公証役場でも行うことができますが、相続人であることの証明が必要になりますので、被相続人の除籍が記載された戸籍と、相続人の戸籍を持参して申請を行うことになります。

信託契約の調査

　近年、民事信託の制度が普及してきたことに伴い、被相続人が、民事信託契約（いわゆる家族信託）を締結している事案も増加してきました。信託契約が締結されている場合の多くは、被相続人が保有していた不動産を信託の対象としていると思われますので、不動産登記簿を調査すれば、被相続人の不動産（正確には委託者が被相続人の不動産）が信託契約の対象となっているか否かを調べることができます。
　信託契約の存在を確認できた場合、公証役場に対し、信託契約書の閲覧・謄写を請求します。信託契約書の内容を調査すると、被相続人が死亡した時点で信託契約が終了するような内容になっているか否か、信託契約終了時の財産取得者（残余財産受益者・帰属権利者）を把握することができます。

負債の調査

　相続財産には預貯金等のプラスの財産ばかりではありません。相続人が知らない被相続人の借金がある可能性があります。そこで、予想外の負債が後から見つからないようにあらかじめ調査しておくべきです。

銀行に対する負債については、一般社団法人全国銀行協会に、クレジット会社に対する負債については、株式会社シー・アイ・シー（通称、CIC）に、消費者金融に対する負債については、株式会社日本信用情報機構（通称、JICC）に対して各々開示請求をします。

　いずれの開示請求についても、申込者本人が法定相続人であることを確認できる証明書類、開示対象者が亡くなったことを確認できる証明書が必要となります。

　また、被相続人が消費者金融等から借入れ等を行っていた場合、支払いを求められることがあります。しかし、支払ってしまった場合は単純承認となる可能性があるので、特に依頼者が相続放棄を念頭に置いている場合は説明しておく必要があります。

体験談1

相続財産の探し方

弁護士5年目　女性

お父さん（被相続人）の財産がわからない！

　ある被相続人の息子からご相談を受けました。被相続人である85歳の父親が1か月前に死亡し、相続が開始したものの被相続人の妻である相続人も81歳と高齢で、5、6年前より認識力の低下がみられ、日常生活の起居に支障はないものの、財産の管理を自身で行うことができる状態ではなく、かつ、被相続人は自身で財産を管理して妻には財産の詳細を知らせていなかったため、被相続人の財産状態が不明であるとのことです。相談者によれば、被相続人の自宅とその敷地は被相続人の所有であり、相談者の自宅敷地も被相続人所有であると、生前被相続人より聞

いていたことから、少なくともこれらの不動産の所有権を保有していたと思われるとのことでした。その他、通帳等の所在も不明で、どこにどのような資産があるのか、あるいは負債があるのか否かも不明であるとのことです。また、被相続人は数年前まで事業を営んでいたことから、その事業用工場及びその敷地の所有権も、被相続人が有していたかもしれないとのことでした。

ただ、数年前より、その工場は被相続人の弟（68歳）が継いでいて、被相続人が死亡した頃より連絡が取りにくくなっているとのことです。

そのような状態で、被相続人の財産の調査を依頼されました。

調査及び調査の結果

私は、まず相談者から被相続人所有である可能性が高いと報告を受けた、各不動産の登記事項証明書を取得しました。その結果、被相続人の自宅及びその敷地、被相続人の息子である相談者の自宅敷地は被相続人の所有でしたが、工場及びその敷地は、3年前に事業を継いだ被相続人の弟に売却されていることが判明しました。

また、預貯金については残高証明書及び取引履歴、株式について取引履歴を取得し、それぞれの状況を確認することができました。そうしたところ、預貯金残高は約3,500万円、株式は3社分合わせた評価額が2,600万円程度であることが判明しました。

負債については、被相続人が85歳と高齢で、預貯金の取引履歴にも返済をうかがわせる支出はありませんでした。また、事業についても事情聴取を行ったところ、10年以上前から弟に任せていたようなので、負債は特にないものと考えられました。

一方、連絡の取りにくくなっていた被相続人の弟とも話をすることができたのですが、その際、被相続人が遺言書を作成していたとの指摘を受けました。相談者に確認したところ、相談者も心当たりがあるようでした。どうやら、被相続人が体調を崩してから、遺言書を作ったかのよ

うな発言をしていたようです。そこで、あらためて被相続人の遺品を確認したところ、被相続人の弟の指摘のとおり、被相続人が作成した遺言書が見つかりました。しかしながら、この遺言書は、署名以外の部分はパソコンで入力されたものであり、自筆遺言証書としての有効要件を満たさないものでした。しかしながら、被相続人が遺言書を作成しようとしていたことはうかがえたので、念のため、公正証書遺言がないか、検索を行いました。すると、5年前に、被相続人名義の公正証書遺言が作成されていることが判明したのです。この公正証書遺言によると、預貯金、株式の分配及び不動産は被相続人の妻に相続させることが記載されているとともに、3年前に所有権の譲渡が行われている工場及び敷地については、被相続人の弟に遺贈する旨の記載がされていました。すなわち、公正証書遺言が作成された後、被相続人の弟に当該工場及び敷地を売却したことになります。

　被相続人の妻及び相談者は、工場及びその敷地が相続財産であると考えていました。また、被相続人の弟は、若い頃真面目に働かず会社を辞めてしまったようで、見かねた被相続人が自身の事業において雇用したという経緯があり、相談者はネガティブな印象を持っていました。今回の調査の結果、相続財産と思っていた工場及びその敷地は、相続財産ではなく被相続人の弟の所有であると判明してしまったため、相談者にとっては、やや残念な結果になりました。

非公開株の見落としに注意

弁護士4年目　男性

よくある相談かと思いきや

　依頼者の相談は、父親が亡くなり（すでに母親は亡くなっていました）、兄弟3人が相続人となるので、遺産分割を行いたいというものでした。

　話を聞いてみると、父親（被相続人）は定年まで会社員として勤務し、定年退職後は年金で暮らしており、預貯金や自宅以外に目立った相続財産はないとのことでした。その段階では、特に兄弟間でもめている事情等もなかったため、念のためにほかの財産も調査し、税理士とも連携をとりつつ相続税を考えての分割を行うという方向になりました。

　しかし、3回目くらいの打合せの際に、被相続人の父親（依頼者の祖父）が会社を経営していたことが判明しました。よく話を聞いてみると、その会社はいわゆる同族会社といわれるもので、被相続人の母親（依頼者の祖母）が経理をしていました。その会社自体は被相続人の父親が亡くなり、被相続人の兄が引き継いでいましたが、登記簿をみると、現在は解散し、清算手続も終了していることがわかりました。

　依頼者に、親戚を通じて、被相続人がその会社の株主であったかどうかを確認してもらいました。そうしたところ、被相続人の父親が亡くなった際、遺言書がないため遺産分割協議が行われたこと、遺産分割協議の結果、被相続人も会社の株式を保有し、会社の経営は被相続人の兄が行うという話になったこと、が判明しました。

解散した同族会社の株主としての権利内容の調査

　株式も相続財産の対象になりますが、被相続人が会社経営をしていなかった場合、被相続人が株式を保有していたかは気がつきにくいかもしれません。ましてや、解散した会社であればなおさら気がつかないと思います。

　今回の場合はすでに会社は解散しており、清算手続も完了し、残余財産の分配もなかったため、相続財産に影響はありませんでした。

　しかしながら、もし会社がまだ存在していた場合は、株式の相続は問題になり得たと思います（この場合は、被相続人の兄弟とその家族も含めた相続案件に発展する可能性もあります）。また、解散していたとしても、万が一、解散した会社の財産の処理が放置されていた場合は、株主には残余財産に対する分配請求権があるため、株式の相続とあわせて会社財産の処理方法を検討する必要が出てきます。

ワンポイントアドバイス

相続財産の見落としに注意

　相続財産は、遺産分割協議を行うにあたり、個々の相続人の相続分がどれだけあるかを決めるベースになるため、相続人の利益に直結します。負債を見逃したために相続放棄などを検討すべきであったなどであれば相続人に大きな不利益をもたらすことになります。

　また、遺産分割協議が終了した後に相続財産が発見されると、新しく発見された財産の分割協議を行わなければならないなど負担をもたらすことになります。

　相続財産を見落とすことのないよう、あらかじめチェックリストなどを活用して分割の準備をしておきましょう。下記のチェックリストも参

考にしてください。

チェックリスト（※厳密には相続財産でないものも含めています）

・遺言書等
☐ 遺言書の有無
☐ 公正証書遺言の有無
☐ 信託契約の有無
・積極財産
☐ 預貯金（ネットバンク含む）
☐ 不動産
☐ 有価証券（株式（非公開のものも含む）・社債等）
☐ 生命保険等（生命保険受取人、生命保険の契約者たる地位）
☐ 死亡退職金
☐ 小規模企業共済の共済金
☐ ゴルフ会員権
☐ 貸金庫
☐ 貸付金・売掛金（会社への貸付金）
☐ 借家権の有無
☐ 賃借権
☐ 貴金属や絵画などの動産
☐ 現金・小切手
☐ 自動車
☐ 未収家賃
・消極財産
☐ 未払税金・未払家賃
☐ 敷金（預り敷金）
☐ 買掛金
☐ 金融機関、個人からの借入金
☐ 会社からの借入金（特に非公開会社の役員の場合）

□ 生命保険協会への弁護士会照会が終了

　これまで被相続人が生命保険を契約していたかについては、一般社団法人生命保険協会（以下、「生命保険協会」といいます）へ弁護士会照会すると、生命保険協会に加入している約40社から回答を得ることができました。相続人が知らない間に加入していた被相続人の生命保険契約が判明することもあり、漏れのない相続財産の調査には大変役立つものでした。

　しかし、平成29年2月10日に生命保険協会から弁護士会照会文書の生命保険会社への取次ぎを終了するとの通知が日本弁護士連合会にありました。

　終了する理由としては、東京弁護士会のホームページによると、①社内監査において、弁護士会との委託契約もなく、各生命保険会社からの正式な依頼もないことから、生命保険協会が取次ぎサービスを実施する根拠がない旨の指摘がなされたこと、②年間数千件の膨大な負担、個人情報の取扱いの管理事務や漏えい等のリスク、③本業務を担当していた派遣職員の契約終了の通知があったことの3点にあるようです。生命保険協会による取次ぎが終了してしまうと、被相続人の生命保険の調査の煩雑さが増し、遺産分割の長期化の一因になりかねません。そのため、日本弁護士連合会は生命保険協会に対して取次ぎの継続を申し入れていましたが、平成29年5月17日をもって、生命保険協会宛の弁護士会照会は終了してしまいました。

　そのため、今後は各保険会社に対し個別に契約情報を弁護士会照会で入手することになりました。被相続人がどこの生命保険に加入していたのか調査する必要があり、例えば、被相続人の銀行の預貯金口座の入出金照会をして保険料の引き落としがないかを

確認したり、自宅に保険会社からの郵送物等がないか確認したりして対象の生命保険会社を探すことになります。

　弁護士会照会に限らず、相続人であれば被相続人の預貯金等の取引履歴は比較的容易に調査することが可能なので、預貯金等の取引履歴の分析が重要になろうかと思います。

　なお、弁護士会照会と類似の制度として、令和6年11月現在、生命保険協会における生命保険契約照会制度があります。

　もっとも、当該制度については、照会対象者が亡くなられているか、または、照会対象者の認知判断能力の低下が要件とされていたり、請求権者が限定されていたりする等の規定がありますので、その詳細については、生命保険協会のホームページ等でご確認ください。

【参考】一般社団法人生命保険協会HP（https://www.seiho.or.jp/contact/inquiry/）

Method 06 | 相続人の整理

▶ **錯綜する関係者をまとめ上げろ**

――相続案件では、事例によっては多数の相続人が登場する。当然のことながら、その全てが被相続人と親しかったわけではない。さまざまな利害関係、あるいは感情の対立があり得るので、注意が必要である。また、時間の経過により状況が変化することもあるので、速やかな手続が望まれる。

時間の経過とともに複雑化・多数化

　不幸にして若くして亡くなる方ももちろんいらっしゃいますが、寿命を迎えての相続の場合、相続人も高齢者ということも往々にしてあります。こうした場合、手続が長引くと、相続人が亡くなる、あるいは後見が開始されるなどといったことも起こり得ます。相続人が亡くなると、二次相続によって相続人の数がさらに増えて、まとまりかけた遺産分割協議もやり直さなくてはならなくなりますし、後見の場合は、後見人の選任までに時間がかかったり、裁判所の許可が下りないためにフレキシブルな遺産分割協議が行えなくなったりしますので、そうした可能性も視野に入れて手続の進行をハンドリングする必要があります。印鑑登録証明書などの期限のある書面の提出をお願いする場合も、多数の相続人が期限に間に合うように気を配り、早め早めに確認をとっておくとよい

でしょう。

相続人の意思は合致しない

　被相続人に配偶者や子のいない場合、その相続人は、被相続人とは遠い血縁関係しか存在せず、相続についての実感がもてない場合もあります。
　また、被相続人が亡くなった後に相続の手続をとっておらず、何世代も放置されてきたような場合には、関係する相続人の数は多数に上り、故人の存在すら知らないこともあります。
　こうした場合の相続人の心情は、「突然知らない人の相続の話を持ち出されて気持ちが悪い、関わりたくない」というものから、「お金が転がり込んでくる！　ラッキー」というもの、はたまた詐欺を疑うものまで、さまざまあり得るところです。
　しかし、相続財産の処分には、相続人全ての協力が必要になってきますので、単に「関わりたくない」といった理由で協力を拒む相続人には、事情を説明して理解していただく必要がありますし、分割の困難な不動産などについては、売却の方法により処分する方向での説得をするなど、バラバラの方向を向いている相続人たちをまとめ上げ、同じ方向を向いてもらう必要があります。
　家系図などで血縁があることを説明することはもちろん、速やかに債権債務の開示をして、相続することのメリット・デメリットを理解していただき、協力していただくか、難しければ相続を放棄していただくなどの決断をしてもらいましょう。

> 体験談１

まさかのタイミングで……

弁護士５年目　女性

　あらゆる事件は、常に「動いている」ものですが、特に相続の案件では、そのことを痛感させられます。
　この案件は、被相続人の配偶者（今回の相続の数年前に亡くなられていた）が亡くなった時の相続処理が一部未了であったり、相続財産である不動産の所有・賃貸関係が複雑であったりといった事情があったことから、事前の調査・確認に時間を要するものでした。また、法的にも、当事者双方から、寄与分や特別受益などのさまざまな主張が出されることが予想されたため、私は、調停申立ての準備を念入りに行いました。
　そして、私は、準備を進める過程で、協議段階で建設的な話合いが進まなかった真の原因が、相手方相続人Ａの子であるＢの強い意見にあるのではないか、という感触をもつようになっていました。
　その後、依頼者との打合せを重ね、やっと各種必要書類の入手も終わり、調停申立書が完成し、遂に「調停申立て」の日がやってきました。その日は祝日明けの日だったかと思いますが、依頼者から電話がありました。いつものように挨拶をし、「これから調停の申立てに行ってきます」と文字どおり何の気なく、簡単な報告のつもりでお伝えしました。
　ところが、電話口での依頼者の話に、私は言葉を失いました。依頼者曰く「一昨日、Ａが亡くなりました」と……。依頼者もあまりに突然のことで、驚いてばかりという状態でした。亡くなられたＡさんは、年齢的には働き盛りで、病気を患っているという情報もありませんでしたので、依頼者と代理人の双方にとって、まさに青天の霹靂です。
　正直なところ、私は依頼者と電話しながら、「この件、これから、どうするんだろう……」という呆然とした気持ちになっていました。もちろん、理屈では、亡くなられたＡさんの相続人数名を相手方とする調

停を申し立てるしかないとわかってはいますが……。

　当然ながら、その日の申立ては延期となりました。亡くなられたＡさんの相続人数名を新たな相手方として、調停申立ても仕切り直しです。あらためて戸籍関係をそろえなくてはなりませんし、申立書記載の事情も改訂が必要です。さらに、新たに発生した相続に関連する身分関係が戸籍に反映される時期も、申立代理人がコントロールできることではありません。

　その後、無事、調停申立てにこぎ着け、調停が開始されました。しかし、調停当事者（相手方）の数が増えた分、相手方の主張は、法的主張、事実主張を問わず、多岐にわたりました。

　また、私が当初、協議困難の真の原因ではないかと考えていたＢさんが調停の相手方になったことにより、調停の進行は困難を極めました。

　幸い、調停委員に恵まれ、各人の主張の整理、その後の現実的な不動産の処理を含めた手続まで、長期間の調停における協議・進行に協力いただくことができ、最終的には依頼者に納得いただける結果が得られました。

　今回のようなケース以外にも、成年後見人として、被後見人を当事者（相続人）とする遺産分割協議や調停を行っている際、被後見人が亡くなると、成年後見人としては、その時点で任務を終えることになります。

　どんなに手続を急いだとしても、相手方（場合によっては依頼者）が亡くなることは、避けがたいことです。人間のコントロールの及ばないこととはいえ、手続や、その準備は速やかに行うことが大切だと身に染みた事件でした。

> 体験談2

多数の相続人がいる場合の取りまとめ

弁護士8年目　女性

受任のきっかけ

　本件は、相続人の1人が成年被後見人であり、その成年後見人の監督人弁護士からの紹介で依頼を受けることとなったものです。

　遺産の対象としては、被相続人である成年被後見人の夫が亡くなってから30年以上が経過していたことから、借地権付建物が残っているのみで、同建物は依頼者である成年被後見人が長年居住に使っていた、という事実関係でした。

　そして依頼者たる成年被後見人はすでに老人ホームに居住しており、本件不動産に戻る見込みがないため、同不動産を売却してその売却益を今後の老人ホームに居住し続けるための費用に充てたい、というのが今回の最終目的でした。

相続人の調査

　まず相続人の調査をしたところ、対象となる相続がかなり前のものであったことから、再相続や代襲相続が多数発生しており、相続人が30人近くになることがわかりました。

　したがって、遺産分割協議をまとめること自体の手間はもちろん、まとまった後に、不動産を売却しようとすると、売却価格の決定など売却の意思形成についてもかなりの支障が出てくることが容易に想定できました。

一方で、再代襲相続人なども多数おり、これらの相続人は相続分自体が少ないため、その相続分自体が廉価になることもある程度予想ができました。

相続人の整理

　以上の事情から、不動産売却の意思形成を簡易にするため、相続人の人数を少なくする必要がありました。
　相続人の人数を少なくするには、相続分を放棄してもらう、という方法があります。
　しかしながら相続分の放棄ですと、依頼者以外の相続人の法定相続分も増えてしまうため、こちらとしては相続人が減るというメリット以外に特にメリットがありませんでした。
　さらに、本件において処理をする不動産については、分割協議が長引いた場合、賃貸に出すなど賃貸管理を行うことも検討していたため、相続財産の過半数を取得することも視野に入れ、進める必要がありました。
　したがって、本件においては、他の相続人から相続分の譲渡を受ける方法を用いて、依頼者の相続分を増やすとともに、相続人を減らすという方針を目指しました。
　なお、今回は、遺産分割協議により不動産の売却を目指しましたが、事前に遺産分割調停で進める方法についても検討しました。調停では、必ず全当事者の意見が完全に一致しないと成立しないわけではなく、例えば、他の当事者間で条項案の合意形成ができているのに、当事者の一部が調停期日に出席しないため調停成立できない事情や、わずかな相違で合意に至らない事情などがある場合には、家庭裁判所が職権で事件解決のために必要な審判を行う「調停に代わる審判」（家事事件手続法284条1項）によって、成立することもあり得ます。ですが、本件では、相続人が多数であることもあり、手続にかかる時間等を考慮し、協議を選択しました。

相続分の譲渡

　相続分の譲渡については、民法に明確な規定はありませんが、民法905条1項に、「共同相続人の1人が遺産の分割前にその相続分を第三者に譲り渡したときは、他の共同相続人は、その価額及び費用を償還して、その相続分を譲り受けることができる」と規定していることから、相続分の譲渡については問題なくできるとされています。

　相続分の譲渡を受けるにあたっては、無償で譲渡を受けられればそれにこしたことはないのですが、当然そのような合意を取り付けることは困難であり、一方で、相続分の譲渡の対価を先払いにすることは成年被後見人の財産を減少させる行為となるため、安易にこのような出費をすることもできませんでした。

　したがって、一定の価格を支払うことを条件に相続分の譲渡を受けることにし、不動産を売却して代金の支払いを得た後に相続分譲渡の対価を支払う、という条件のもとに合意を締結しました。

　具体的には、相続人から相続分を譲渡してもらい、その対価として合意した金額を支払うこと、またその対価の支払い時期は、不動産の売却後、売却金額から支払うこととしました。

　また、あわせて相続分譲渡証明書を作成し、譲渡人から譲受人に対して相続分を譲渡した旨の証書を作成したうえで、他の相続人に譲渡を受けたことの通知を行いました。

　ちなみに、相続分の譲渡は、相続人以外の第三者に行うこともできますが、その場合、相続分の取戻請求をされる可能性があります（同項）。

　上記の相続分譲渡の交渉を個別の相続人と行い、大多数の相続人からは相続分の譲渡を受けることができましたが、一部の相続人からは最終的に相続分譲渡を受けることができず、遺産分割協議を行って、不動産を共同売却し、売却代金から一定の割合を渡すことにしました。

　しかしながら、不動産がいくらで売却できるかは分割成立時にはわからないため、それぞれが売却代金のうち○分の○を取得する、といった一定割合を取得する内容の遺産分割協議を行いました。

その結果、相続分の譲渡と、遺産分割協議が成立し、不動産を売却することとなりました。

不動産の売却処理

売却価格については、残った相続人と調整し、無事買主もみつかり、決済を行うにあたっては、本件不動産が成年被後見人の住居であったため、売却にあたり、家庭裁判所の許可を得る必要がありました。
したがって、売買契約を締結する際には、家庭裁判所の売却許可が得られることを停止条件とする売買契約を締結し、売却許可の申立てを行いました。
この際の家庭裁判所に提出した書類は、売却価格が一般市場価格を上回ることを示すために、数社の不動産会社の査定書を添付したほか、相続分譲渡の対価及び他の相続人への支払いを行っても成年被後見人の相続分は守られること、また同人が高齢であり、老人ホームから退所の見込みがないことなどを事情として説明しました。

体験談3

認知症の相続人がいると大変！

弁護士4年目　男性

相続人に認知症の方がいた事例を紹介します。
被相続人である父親が亡くなり、依頼者とその母親と弟の3人が相続人となったのですが、唯一の不動産は依頼者と母親も同居していた自宅のみで、それも依頼者に生前贈与されていたため、わずかばかりの現金を除いてめぼしい財産はほぼないという状況でした。そのような中、前

記生前贈与は無効であることと、被相続人から依頼者に貸金債権があることを理由として、弟が依頼者と母親を被告として相続財産確認等の訴えを提起したので、依頼者と母親の訴訟代理人となってほしいとの依頼を受けたのです。

　実質的には、依頼者と父親との問題ですし、それに疑義を唱えているのは弟だけで、母親は関係ないのですが、固有必要的共同訴訟であるため、母親も当事者になる必要があります。

　ところが、よくよく話を聞くと、母親は高齢ですでに老人介護施設に入っており、まともに字が書けないため訴訟委任状の記入ができないというのです。さらに、統合失調症及び認知症を併発している疑いがあり、排泄が自立せず、知らない場所に行くとパニックを起こす可能性があるため期日への出頭が困難である旨の診断書が出ているとのことでした。ただ、事理弁識能力に関しては診断待ちということだったので、まずは、依頼者について受任し、母親については現状についての上申書を提出しました。

　裁判官と相手方代理人とも相談し、母親の診断書が出るまでは、依頼者と弟のみで裁判を進めていくこととなりました。

　ところが、医師が慎重になっているようで、数か月経っても診断書は出してもらえませんでした。しびれを切らした裁判官に、このままの状態では進められないと言われ、まず母親についてどうするか双方で検討することになりました。

成年後見人の申立て

　もともと、依頼者とその家族は、母親と同居し老人介護施設に入るまではその一切の身の回りの世話をしており、母親が老人介護施設に入ってからもその費用を負担し、毎週のように面会に行っていました。そのため、依頼者としては、母親の事理弁識能力がないことが確定した場合には、すぐに成年後見人の申立てをし、依頼者自身が成年後見人になり

たいという希望がありました。

　ところが、調べてみると、本件のように訴訟継続中の場合には、親族が後見人になることは難しく、裁判所が選任した弁護士等が後見人となることが多いということが判明したのです。

　もし、親族以外が後見人となると、後見報酬等の費用が発生することになります。そして、一度後見人が選任された場合、途中でやめることはできません。母親には統合失調症等の症状は出ているものの、身体的には健康であったため、今後何年生きるかわからない中で、いくらかかるか予想できない後見人の費用を誰がどうやって捻出するかが問題となりました。

　依頼者は、すでに毎月数十万円かかる母親の介護費用を１人で負担しており、妻や未成年の子どものことも考えると、母親のためにこれ以上費用をかけられないとのことで、依頼者は成年後見人の申立てをすることは断念しました。

特別代理人の選任

　次の裁判において上記のことを説明し、もし弟の方で成年後見人の申立てをするのであればやむを得ないが、それにかかる費用は弟側で負担してほしいし、今後、今まで依頼者ばかりに負担となっていた母親の介護費用についても折半等したい旨伝えました。当然ですが、それについては相手方代理人が難色を示しました。

　そして、後見人等継続的なものではなく、今回限りということで、特別代理人の選任がよいのではないかとの裁判官のアドバイスを受け、次回までに弟の方で検討し、申し立てることになりました。

　ところが、やはり今回限りとはいえ、争点も多く、特別代理人の予納費用として最低でも50万円はかかるとの裁判官の見通しであったため、これ以上の金銭的リスクは負いたくないとして、最終的に弟は特別代理人を選任することを拒否しました。

さてどうする？　裁判官が提案した方法とは

　すでに、この時点で訴えが提起されてから、1年以上経過していました。しかし、依頼者と弟との間の裁判の主張・立証すらほとんど進んでおらず、さらに双方これ以上の費用負担を一切したくないという気持ちが強いうえ、双方の主張や考えが二転三転しどうにも立ち行かなくなっていました。

　こちらとしては、このままではこれ以上裁判を進めることはできないし、原告である弟に一度本件を取り下げ、再度検討して訴えを提起してほしいと求めましたが、了承してもらえず、ただ、無駄に期日が過ぎていくだけでした。

　相続関係の紛争でよくあることですが、本件の根幹に、兄弟の一部だけ親に優遇された、お金（愛情）を独り占めしてずるい、などという嫉妬の気持ちや、自分ばかり親の介護の負担をさせられたという恨み等が絡んでいて、感情的にお互い全く引けないという状況になっていました。

　一方で、担当裁判官は、双方に親身に相談に乗りさまざまな提案をしてくれました。この頃には、裁判官から直接私宛に電話が掛かってくることもありましたし、私の方から直接裁判官に電話を掛け現状の報告や相談をすることもありました。私がそれまで担当した裁判では、書記官と連絡をとることはあっても、裁判官と直接連絡し合うことはなかったので、新鮮でした。

　そのような中、裁判官は、依頼者と弟との間で本件相続に関する和解をして、母親に関してのみ取り下げることを提案してきました。結局、母親との関係では未解決のままなので、母親の死亡時には再度もめることが予想されましたが、本件ではベストな選択だろうということで、その方向で進めることにしました。

最終的な解決、そして新たな問題

　和解の検討に入ってからはスムーズでした。
　年末の、私にとってその年最後の期日でした。結局、弟に不動産と貸金債権に関してはあきらめてもらい、現金については母親の介護費用として依頼者が管理し、今後一切母親の介護費用についての負担を求めず、一方で解決金として依頼者から弟へいくらか払うということで合意に至りました。また、和解調書のほかに、今後、母親が死亡するまで母親と依頼者から弟に対し連絡しないという内容の覚書も弟に求められ、交わすこととなりました。弟にすると、やはりわだかまりはとれなかったのでしょう。
　時間がかかりましたが、解決してみると、具体的な主張・立証は一切なく、1回の話合いで和解しただけのこと、もし母親が代理人を選任できて裁判を通常どおり進めていたら、1年かからなかったのではと思うような内容でした。ただ、今後、認知症の方が増えると、同様の問題が増えるのではと思います。
　その後ですが、なんと、年明けすぐに母親が急死してしまうという事態が起こりました。一度、相手方代理人を通じ、依頼者管理となった現金について、再度話し合いたいとの申出を受けましたが、すでに和解で解決したことだからと断りました。
　もし、裁判がもう1期日延びていたら、母親の死亡により母親の代理人の問題や、介護費用の問題が解決してしまったので、裁判の結果は大きく変わっていたかもしれません。そういう意味では、依頼者にとっては早めに和解で解決してよかった事案でした。

> **ワンポイントアドバイス**

相続人に成年被後見人がいる場合

　相続人の１人に親族後見人が付いている場合、その後見人自身も相続人である場合があります。このような場合には、後見人と被後見人の利益相反が生じますので、協議を始める前に後見監督人がいるのか、いなければ特別代理人を選任（民法860条、826条）するのか、確認しておくことが必要です。

　また、後見制度は、本人の財産を保護することを目的としていますので、本人の法定相続分を確保した遺産分割協議内容でなければ、後見人として合意することができません。

　ですので、誰か相続人の１人に遺産を多く取得させることについて、相続人の多数が同意していたとしても、被後見人が取得する財産が法定相続分を下回るような内容では、遺産分割協議を成立させることは困難です。

　当事者の意見を踏まえながらも、こうした制限に触れないよう、気を付けて話をまとめていくようにしましょう。

Method 07 | 特別受益・寄与分

▶ 甘い見通しはトラブルのもと

――各相続人の相続分を計算する際に主張されることの多い特別受益・寄与分は、どのようなものが該当するのか、またどこまで相続財産に反映させる必要があるのか個別具体的な事情をみて判断することが必要である。

特別受益とは

　相続人が被相続人から遺贈を受けた場合や、生計の資本として贈与を受けていた場合、被相続人が相続開始の時において有した財産の価額にその贈与の価額を加えたものを相続財産と見なし、相続分の中からその遺贈又は贈与の価額を控除した残額をもってその相続分とします。
　どのようなものが特別受益として認定されるかは、その贈与の性質や金額によって変わってくることになります。
　生前贈与も特別受益の一種ということになりますが、生前贈与を行っていた場合、持戻し免除の意思表示があった場合にその有効性や、遺留分侵害額請求との関係性が問題になります。
　具体的な特別受益の計算方法としては、特別受益分を相続財産に加算した後に、法定相続分を計算し、その後特別受益を受けたものの相続分から特別受益相当額を減額することになります。

寄与分とは

　寄与分とは、被相続人の財産の増加や、維持について貢献がある相続人について、当該貢献を寄与分として認め、法定相続分を超える額の遺産の取得を認める制度です。

　この点、寄与分として認められるためには、被相続人との身分関係に応じて通常期待される程度を超える貢献が必要とされていますので、単に同居して介護を手伝った程度では寄与分として認められることはありません。

　また、寄与分を主張し、他の相続人との間で寄与分の主張について合意が得られない場合には、通常の遺産分割調停とは別に寄与分を定める処分調停を申し立てる必要があるなど、手続面でも注意が必要です。

　相続人が被相続人と同居して介護の手伝いをしていたような場合、寄与分の主張を希望することは多いので、手続面、実態面ともに十分に説明しておく必要があります。

　寄与分が認められた場合の具体的な計算方法については、寄与分相当額を相続財産の総額から減額し、法定相続分を計算した後に、寄与分を受ける者の相続分に、当該寄与分額を加算することになります。

　なお、法改正により特別寄与料制度として、相続人ではない被相続人の親族が被相続人の療養看護に努めるなどの貢献を行った場合に、このような貢献をした者がその貢献に応じた額の金銭の支払いを相続人に対し請求できる制度が設けられました（民法1050条）。こちらの手続も、請求の期間制限（最長で相続開始時から1年）があり、相続人が行う寄与分の申立てとは別の手続になるため注意が必要です。

体験談1

生命保険金は相続財産か？

弁護士6年目　女性

　依頼者は被相続人のご子息。被相続人には、前夫との間に子が3人いますが、前夫が引き取り地方で育てていたため、依頼者と前夫との子らとの間には交流はなく、面識もありませんでした。

　被相続人は公正証書遺言を作成しており、全ての財産を依頼者に相続させるという内容であったこと、遺言書によって弁護士が遺言執行者に指定されており、同人が遺産目録を作成して、各相続人に交付する予定であったことなどから、遺留分侵害額請求がされることはほぼ間違いないという見込みでした。

　相続財産としては、不動産や預貯金がありましたが、その他にも依頼者は被相続人から生命保険金の受取人に指定されていたため、当該保険金も取得する予定でした。

　ここで、生命保険金は相続財産に含まれるのかが問題となります。

　この点については、生命保険金の受取人がどのように指定されているかによって、相続財産となるか否かが決まることになり、受取人の指定の方法としては、3つのパターンがあります。

　1つ目は、被相続人自身が受取人と指定されていた場合です。この場合は、保険金受取請求権を一旦被相続人が取得し、その後相続人に帰属すると考えられているため、相続財産であるとされています。

　2つ目に、受取人が「相続人」と指定されていた場合、保険事故発生時に相続人である者を受取人とし、その相続分の割合により保険金を取得させることを指定した他人のための保険契約であるとして、相続人の固有財産となり、保険金請求権を法定相続分の割合により取得することになります（最二小判平成6年7月18日民集48巻5号1233頁〔27824765〕）。

3つ目は、相続人のうち特定の者が受取人として指定されていた場合です。この場合は、指定された者の固有財産となります（大判昭和11年5月13日民集15巻877頁〔27500609〕）。

以上から、3つ目の場合にあたる本件では、依頼者が受け取る生命保険金は相続財産にならないことになります。

他方で、相続税法上は、生命保険金は受取人が相続人の1人と指定されていたとしても相続財産として扱われ、申告の対象となります。

本件も相続財産申告の必要があり、共同で相続財産申告をする予定であったことから、当該相続財産申告の過程において、この保険金の存在が他の相続人に明らかになる予定でした。

この結果、自分の遺留分はもっと多いのではないか、という意見が出ることが予想されたため、このような事態に備えて判例調査をしておくこととしました。

この点、共同相続人の1人を受取人として指定した場合の生命保険受取金は、特別受益に該当せず、したがって、遺留分侵害額請求における遺留分額に影響しないのが原則です（最二小決平成16年10月29日民集58巻7号1979頁〔28092815〕）。

ただし、どんな状況でも生命保険金が遺留分の対象とならないのかというと、そうではありません。同判例では、「保険金受取人である相続人とその他の共同相続人との間に生ずる不公平が民法903条の趣旨に照らし到底是認することができないほどに著しいものであると評価すべき特段の事情が存する場合」には、民法903条1項の類推適用により、当該保険金請求権が特別受益に準じて持戻し対象になると判示されています（なお、同判例は平成30年の民法改正前の判例ですが、改正後もこの趣旨は妥当すると考えられます）。

実際に、一定の場合に同条の類推適用により、保険金請求権の持戻しを認めた裁判例もあります（東京地判平成23年8月19日生命保険判例集23巻423頁〔28280235〕）。

本件でも、生命保険金の金額が、個々の相続分を超える金額であったため、他の相続人から上記の主張をされると認められる余地があったか

と思います。しかし、実際には、保険金については依頼者が取得したい意向を伝えたうえで、保険金の金額も開示し、他の共同相続人の合意を得られたため、紛争になることはありませんでした。

　相続紛争では、依頼者が取得する財産を多くしたいと思うあまり、相続財産を少なく見積もったり、生命保険金の金額を申告しなかったり、という誘惑に駆られることもあるかと思います。しかしながら、そのことによって、合意を得た後に思わぬ請求をされ、依頼者からの信頼を失うこともあり得ます。

　したがって、生命保険金の額や相続財産に占める割合が大きい場合や、相続税の申告が絡むような場合、依頼人が受取人として指定されている固有財産だからといって、他の共同相続人に生命保険金について開示しないということはおすすめできません。

体験談2

介護の寄与分

弁護士8年目　女性

寄与分の類型

　遺産分割の事件を扱っていると、「寄与分」を主張される方はとても多いと感じます。「寄与分」の主張の中身を振り返ってみますと、次のような整理が可能かと思います。

　相続人が被相続人に財産を給付（直接贈与するだけでなく収入を得て家計に入れていた、という場合もあります）していたという場合（いわば「財産給付」類型）。

　相続人が被相続人の事業・家業に従事し、労務を提供することで、被

相続人の財産の維持や増加に貢献したという場合（いわば「事業従事」類型）。

そして、時代の趨勢といいましょうか、近時、「寄与分」の主張内容として多いと感じるのは、相続人が被相続人の介護に従事したことを「寄与分」として主張する場合（いわば「療養介護」類型）です。より具体的には「被相続人の介護をしてきた家族（配偶者、子ども）」からの「介護」に関する「寄与分」の主張です。日本の社会構造の変化に伴って、「事業従事」類型の主張が相対的に減る一方で、高齢化社会の進展に伴い、同居する親の介護をしていたなど、この「療養介護」類型の寄与分主張が増えているように感じます。

実感として、同居の有無にかかわらず、被相続人である高齢の親と最も近しく生活をしていた相続人から「親の面倒をみるのが、どれだけ大変だったか、他の兄弟姉妹（相続人）にはわからない」などとおっしゃられて、これを「寄与分」として主張してほしい、と求められることが多々あります。

しかし、主張内容を具体的にみていくと、親族間の扶養の範囲内のものではないか、あるいは、夫婦間の協力扶助義務の範囲内のものではないか、と思われるものも多いように感じます。具体的には、高齢の親の通院に月に一度付き添っていた、あるいは週に一度くらい、近くに住む子どもが親に食事を作りに来ていた、などです。

全ての類型の「寄与分」に共通ですが、被相続人との身分関係において通常期待される程度を超える特別の寄与であることが必要ですので、このような事実関係において、「寄与分」が認められるのは難しいでしょう。

もちろん、遺産分割協議（調停）において、「話合い」の「材料」とすることは否定されるものではありませんし、多くの場合、こうした主張は、相続人間の「不公平感」に基づいているものですから、「審判では認められませんよ」ということで頭から主張自体を否定してしまうことが、弁護士の対応として「正解」とは思いません。ただし、当方側で主張する場合には、依頼者と相手方との関係性にも配慮しつつ、「どこ

まで引っ張る話」として議論のテーブルに乗せるか、依頼者と十分に話し合っておくべきです。

　相手方から介護に関しての寄与分の主張が出てきた場合には、その内容、事実関係を吟味し、依頼者に見通しを丁寧に説明すべきでしょう。そのためにも、「療養介護」類型の寄与分がどのような場合に認められるのか、弁護士として知識をもち、研さんを積んでおくべきです。

　印象に残るものとしては、被相続人の晩年の数年間、被相続人と同居し介護をしていたという方からの主張です。

　介護の寄与分が認められるには、相続人と被相続人との身分関係に基づき通常期待される程度を超える特別の寄与、貢献である必要があることはすでに述べたとおりですし、基本的に、無償で行われたものである必要があります。また、基本的には、被相続人に「療養看護」が必要であったこと、すなわち認知症や高齢による動作の困難などを含む疾病により療養看護が必要であったことが前提となります。1つの目安としては、「要介護度2」以上の状態にあることが、特別な寄与に該当し得る程度の介護状態といわれているようです。なお、入院・施設に入所していた場合、原則としてその期間は寄与分は認められません。こうした介護実態の証明のためには、診断書、カルテ、介護サービス利用関係資料、介護日誌のほか、陳述書の作成も必要になってきます。

　先述の事案では、詳細な介護日誌は提出されましたが、介護保険に関する資料等は一切提出されませんでした。この事案では、「寄与分」にあたり得る介護がなされていたように思いましたが、このような場合、一方で、当該相続人は、同居などにより居住費がかからないなど利益を得ているという場合も少なくありません。その場合、無償性の点が問題になります。

　介護の寄与分が認められるとして、その算定も悩ましいところです。かつては、相続分全体に対する割合的な算定も行われていたように聞きますが、近時は、介護保険制度が導入されて以降、介護保険における「介護報酬基準」が用いられることが多くなっています。数式化しますと「単価×日数×裁量割合」となります。ここでの「くせ者」は「裁量

割合」です。これは、本来の介護報酬基準は、看護や介護の有資格者への報酬として定められているものであり、これが介護をした相続人が受け取るべき金額とは異なるという考え方に基づいています。具体的には、個別具体的な事情に基づいて5割から8割程度が「裁量割合」として用いられているようですが、まさに「裁量」であるため、予測可能性が低いのが悩みのタネです。上記の事案では、最終的に、裁量割合を5割とすることで合意しましたが、調停の妙でもあり、寄与分以外の他の要素も考慮しつつの数値で、全体として、双方納得できる解決になりました。

　なお、ここで述べた介護の寄与分は、相続人ではない被相続人の親族が被相続人の療養看護に努めるなどの貢献を行った場合に、貢献をした者が「遺産分割の手続外」で貢献に応じた額の金銭（特別寄与料）を請求できるという特別寄与料制度（民法1050条）とは異なるものですので、その区別にご留意ください。

体験談3

かんぽ生命の保険金の行方

弁護士9年目　男性

受取人が指定されていない保険が出てきた

　かんぽ生命の終身保険（被保険者が亡くなったときに死亡保険金が支払われる）は、受取人の指定が必須ではなく、指定がないまま被保険者が亡くなったときは、法定相続人等の中から一定の順位で受取人が決まります（「遺族制度」という、かんぽ生命独自の制度のようです）。

　ところが、私が担当した事案は、保険金受取人が未指定で、かつ、法定相続人もいないというものでした。このような場合、被保険者の介護

をしていた方が受取人になる可能性があるという案内を郵便局から受け、生前、献身的に被保険者の介護をしていた遠縁の親戚の方を受取人として保険金を請求することになりました（この親戚が受け取れなければ、受取人が誰もおらず、被保険者がせっかく保険をかけていたのが無駄になってしまうし、この親戚が受け取ることが被保険者の遺志にも沿うように思いました）。

郵政民営化とかんぽ生命

　かんぽ生命の保険は、郵政民営化の関係で、平成19年9月30日までに加入したものは「独立行政法人　郵便貯金簡易生命保険管理・郵便局ネットワーク支援機構」が、翌10月1日以降に加入したものは「株式会社かんぽ生命保険」が扱っています（契約者対応の窓口は郵便局に統一されています）。また、民営化前の契約には簡易生命保険法が適用されるのに対し、民営化以降の契約は、他の民間の生命保険と同様に保険約款で規律されます。今回の契約はだいぶ古く、民営化前のものでした。

　簡易生命保険法55条には、「遺族」に該当する親族がいない場合は「被保険者の扶助によって生計を維持していた者」が受取人になり得るという規定があり（現行の終身保険簡易生命保険約款25条も同旨）、被保険者を介護していた人もこれに該当し得るということのようなのですが、具体的な基準は明らかにされておらず、郵便局の窓口担当者も「申請を受けてから個別に判断します」という説明しかできない様子でした（非公開の内規のようなものはあるのかもしれませんが、おそらく、頻繁に請求があるものではないでしょうし、個別判断というのもわからないではありません）。

請求したところ……

とはいえ、何も見通しがないまま請求するのも落ち着かないので、簡易生命保険法の逐条解説や、法律制定時の国会の議事録なども調べたところ、いけそうだという感触がつかめたので、正式に保険金の支払いを請求しました。請求書には、請求者が受取人に該当するという事実を説明する文書も添付することになっているのですが、訴訟の陳述書を作成するようなイメージで、できる限り具体的に書いてもらいました。

審査には2か月近く要しましたが、受取人として認めるという連絡があり、無事に保険金が支払われたので安堵しました。

> ワンポイントアドバイス

特に寄与分について

相続人から主張されることの多い寄与分については、手続面、実態も含めて十分に依頼者に見通しを説明しておくことが必要です。

また特別受益については持戻し免除（特別受益などを相続財産の中に組み直すことを不要とすること）の意思表示が問題になることがあるため、そのような意思表示が存在する可能性も含めて事案を検討しておくことが必要です。

Method 08 株式・不動産の評価

▶ **株式・不動産の評価は踊る**

——株式・不動産の評価は、遺産分割調停でも重要論点であり、相続人間の意見が先鋭化しやすい部分である。しかし、調停で解決できず、審判となってしまうと、共有物分割手続を経なければ分割ができないため、事件は非常に長期化し、誰も幸せにならない。

そのため、ただ争うのではなく、依頼者の経済的利益や最終解決を考えつつ、手続を進めていく必要がある分野といえる。

株式の評価

遺産分割では、被相続人が保有していた株式を分割する事例も多くあります。

遺産分割における株式評価の基準時は、遺産分割時価格になり、また、特別受益・寄与分が問題になる場合の基準時は、相続開始時点の価格になります。

上場会社の株式評価は、基準時における株式市場での株価ですので明確ですが、非上場会社の場合は、株式の評価をめぐり、遺産分割調停で争いになることがあります。

特に、同族会社の場合には、株式の取得割合によって経営権を把握できるか否かが異なってくるため、株式の取得者や評価額、時には名義株

該当性をめぐり、激しい対立を繰り広げることになります。

非上場会社の株式の評価方法は、純資産価額方式、類似業種比準方式、配当還元方式、ディスカウントキャッシュフロー方式（DCF方式）などがあります。

それぞれの評価方法ですが、純資産価額方式はその言葉のとおり、当該会社の資産額を評価方法とする方式、類似業種比準方式とは、平均株価や配当金額、年利益金額などの要素を類似業種と比較して導き出す方式、配当還元方式とは、株式の配当から株式価格を逆算する方式、DCF方式とは、将来その企業が生み出すキャッシュフローから現在の企業価格を割引いて算出する方式です。

いずれの手法を採用するにしても、当該会社の決算書を開示したうえで、会社が保有している財産の評価を行う必要があります。しかし、資料の開示を受けても、当事者は自身に有利な算出方法を用いた額を主張するため、どの方式を用いるかによって算出結果は異なりますし、当該決算書の信用性や、会社が保有している不動産の額（時価）なども問題となるため、事件はより一層深刻化してきます。

相続人間で合意ができない場合には鑑定になるのですが、株式評価の鑑定は、不動産評価の鑑定よりも鑑定費用が高額となるため、不動産評価の鑑定以上に避けられる傾向にあり、株式の評価を争う相続人は、容易に鑑定を申し立てず、調停も長期化する傾向にあります。

依頼者の納得を図りつつ、調停合意を目指すのが、弁護士の腕の見せどころとなるでしょう。

不動産の評価

不動産を分割する際には、第三者に売却してその金額（実勢価格）を相続人間で分ければ一番正確で公平になるのでしょうが、弁護士に依頼される案件では、相続人間の対立が激しいことが多いため、第三者へ売却して現金を分けよう（つまり換価分割をしよう）としても、どの業者

を利用するのか、誰に売るのか、その際の売買条件はどうするのか、登記はどうするのか等の点で争い・対立が起きることも多く、なかなか難しいのが事実です。そのため、不動産を特定の相続人が取得し、その分の代償金を支払ってもらうことが多いですが、その際には、不動産評価額によって代償金の金額が大きく異なってしまうことも多いため、多くの場合で、不動産評価額が問題となります。

　不動産評価額としては「時価」を出せばよいのですが、その評価手法には、体験談にも書かれているように４つの手法があり、どの手法も一長一短、メリット・デメリットがあり、必ずしも当事者間で不動産評価額について合意できるとは限りません。どうしても合意できない場合には、不動産鑑定士による鑑定を行うこともありますが、費用が数十万から時には100万円以上かかります。

　このような中で、各種評価方法を用いて依頼者に納得いただきつつ、相手との合意可能点を探り、又は、相手方の主張・立証を反駁して、裁判所を説得していく必要があります。

体験談１

土地の評価は４つある？

弁護士３年目　男性

　遺産分割事件では、多くの場合で、不動産評価額、特に土地の評価額をどのように算定するかが問題となります。

　結論だけ言えば、不動産の評価は不動産の時価を算定すればよいのですが、不動産評価額の算定には、大別して４つの算法がありますし、また、最終的に審判で決められるときにも用いる不動産鑑定士による鑑定でも、その性質上、最後はどうしても不動産鑑定士の裁量判断に委ねられる面があります。

その結果、不動産の評価額が争われ、取得を希望する相続人は低い評価額を、希望しない相続人は高い評価額を提示することも多くあります。

以上を前提に、まずは基礎知識として"不動産評価額"についてみていきます。不動産評価が問題になる際に出てくることが多いのが、①固定資産税評価額、②相続税評価額（路線価）、③公示価格、④実勢価格という4つの評価額です。

このうち、①固定資産税評価額は、固定資産税の課税標準額を定める基準となる価格であり、土地の場合、公示価格の70％を目処に設定されています。建物の場合、建物の新築時は再建築価格の50〜70％程度で評価されますが、その後は「経年減点補正比率」（いわゆる経年劣化による減価を考慮するための指標）により減価していき、20％が下限となります。そのため、建物について固定資産評価額ベースで評価しようとするときには、土地とは異なる方法で計算等する必要があり、また、時価を表わせないことも多いのですが、この点を見落とさないよう注意が必要です。

次に、②相続税評価額は、相続税・贈与税の算出の基準となる価格であり、路線価方式・倍率方式のいずれかにより算定されています。路線価は路線（道路）に面する標準的な宅地の1㎡当たりの価格であり、公示価格の80％を目処に設定されています。

③公示価格は、国土交通省が特定の標準地について毎年公示する価格であり、いわゆる正常な価格（自由公開市場で取引が行われるとした場合において、その取引において通常成立すると認められる価格）を算出しています。

④実勢価格とは、不動産が実際に取引された価格のことを指します。

ここまでが基礎知識としてまず必要で、そのうえで、遺産分割事件では、相続不動産の、時価（なお、基準時は、原則として遺産分割時ですが、特別受益や寄与分が問題となる場合には、相続開始時も基準とした評価が必要となる等の運用がとられていますので、弁護士としては、基準時についても注意が必要です）を探っていきます。

不動産の時価は公示価格に近いため、固定資産税評価額を70％で割

り戻したり（固定資産税評価額×1.43）、相続税路線価を 80％ で割り戻したりすれば（相続税路線価×1.25）、不動産の価格は簡単に求められるのではないか、とも思いますが、実際の事件ではそう簡単にはいきません。

　公示価格は、標準地の価格であり、相続財産である当該不動産の個別要因を考慮していないうえ、時的変動や取引条件での変動があるため、「時価」と一致はしていないからです。

　このような中で、各種資料や手法を用いて「時価」を出すための資料収集をするのですが、その際には、不動産業者による無料査定書が証拠資料として提出されることが多くあります。

　不動産仲介業者による無料査定書は、弁護士が知り合いの業者に頼み、無料で作ってもらうことも多いのですが、そもそも不動産業者は不動産価格算定の専門家ではないこと（不動産価格算定の専門家は不動産鑑定士のみです）、"仲介契約ほしさ"や当事者・弁護士との関係性からか、査定を頼まれた方に有利な価格が出されやすい傾向があること等から、不動産仲介業者による無料査定書は、その正確性に限界があるのが一般的です。

　私が担当した事案でも、双方から無料査定書が提示されました。

　その際には、不動産鑑定手法を勉強し、相手方の提示する評価書の弱点を突く主張書面を展開したところ、当方の主張どおりの価格で評価合意ができました。

　相続に関わる弁護士は、日頃からその近接分野の勉強もする必要があると実感させられました。

その不動産、そんなに価値があるの？

　なお、固定資産税評価額等は、公的なものであるため取得者によって価格がブレず、和解検討材料として用いやすいのですが、固定資産税評価額や相続税評価額は、都心部等では時価より安くなりやすい傾向があ

る一方、地方の土地を分割するケースでは、「時価」よりも、固定資産税評価額や相続税評価額の方が高いこともある、という点に注意が必要です。

　私が担当した事件では、北海道の一地方にある原野の評価額が問題となりました。被相続人の財産は、北海道の一地方にある原野（固定資産税評価額500万円）と、1,000万円程度の預貯金であり、それを相続人2人で分割する調停事件でした。

　依頼者は、不動産よりも預貯金の取得を希望していました。私は、原野の評価額が高くなればなるほど預貯金額の取り分は増えるので、原野の評価額は、固定資産税評価額を基準に500万円と算出すべき、という意見を述べました。

　一方、相手方も、原野には価値がないとして、預貯金の取得を希望していましたが、0円であれば、原野を引き取ってもいいと話していました。

相続人が不動産の取得を希望しない場合の調停合意

　このように、双方とも不動産の取得を積極的に希望していないケースにおいて、調停合意を行うためには、以下のようなパターンが考えられます。
① 調停委員の主導で、相続人全員に買入希望額を出させる（擬似的な入札を行う）。
② 0円との評価で合意をする。
③ 合意ができなければ共有とする。

　私が担当したケースでは、まず、①相続人全員に買入希望額を出させた結果、依頼者、相手方ともに0円という希望が出ました。私の依頼者も、固定資産税評価額こそ500万円であるが、実際にはほとんど価値のない土地であることを知っていたため、0円という提示をしたのです。

　そのため、②原野の評価額を0円として、相手方が原野を引き取る旨

の調停合意を行うことで、無事事件を解決するに至りました。

　不動産の取得を希望しない相続人同士が遺産分割を行う際には、特有の難しさが出てきます。

　不動産を引き取ってしまうと、今後管理費用の負担や、固定資産税の負担が続くことになってしまいますし、かといって、不動産を手放し、相手方の相続人に０円で不動産を取得させることには、抵抗がある場合も多いです。

　このような場合には、調停委員と協議をしつつ、解決の糸口を探っていくとよいことを実感しました。

体験談2

アウェイでもあきらめない

弁護士６年目　男性

路線価って全ての地域にあるんじゃないの？！

　弁護士登録して２年目を少し過ぎた頃の遺留分減殺請求事件（当時。現在は遺留分侵害額請求事件となるでしょう）でのことです。

　被相続人が死亡し相続人が２人という事案でしたが、相続人の１人である依頼者は都内に住んでいたものの、被相続人及びもう１人の相続人はそれぞれ地方に居住しており、その相続人に全部相続させる旨の遺言がありました。そこで、遺留分減殺の通知を内容証明郵便で出しましたが、相手方本人がほとんど協議に応じてくれませんでした。そこで私は、調停を申し立てることにしました。遺留分減殺請求調停の管轄裁判所は、相手方の居住地を管轄する家庭裁判所か、当事者が合意した裁判所となりますが、本件では、相手方が居住する地方に相続不動産が複数存在し

たことと、相手方の参加を促す目的から、(合意した管轄裁判所がなかったこともあり)相手方住所地を管轄する家庭裁判所に申し立てることとしました。遺産内容は現金と預金口座及び前述した、複数の不動産(いずれも地方)であり、当然依頼者は不動産の取得を望まず、先方が当該不動産の取得を希望するだろうという状況でした。預金もそれなりにあったため、依頼者が価額弁償金を相手方から払ってもらうという内容の調停で、比較的簡単に解決できるだろうと思っていました。

申立準備を進めているなかで、固定資産税評価証明書は取得していたものの、代償金を算定する際に参考にすべき路線価の調査が未了であったことに気がつきました。私は反省して、翌日、弁護士会の図書館に行って調べました。

しかしながら、ある程度経験のある弁護士であれば常識なのでしょうが、東京等の大きな都市とは異なり、地方だと必ずしも全ての地域に路線価があるとは限らず(といいますか、ない方が多い)、今回の遺産となっている全不動産について路線価がありませんでした。恥ずかしいことですが、この時の私は、路線価というものは全ての地域にあるものだと思っていたので、私が見ている路線価図が不十分なもので、正式なもの、きちんとしたものがほかにあるのではないかと思い、図書館の職員に聞いたくらいです。もちろん、職員には丁重にそのようなものは存在しない旨を告げられました。

安易な考えは通用しなかった

私は少し困りましたが、現地の調停委員は慣れているだろうから、その知恵を借りればよいと安易に考え、とりあえず調停を申し立てました。

期日において、遺産の範囲については争いがなく、当初の見通しどおり不動産については全て相手方が取得し、当方が代償金を受けることになりました。その際、さて不動産の評価はどうなるのだろうと内心ドキドキしながら思っていたところ、調停委員は当然のように固定資産税評

価額を基準に算出された代償金を提示しました。

　私は、調停委員に、固定資産税評価額は実際の価額（市場価額）より低いから、その価額を基準とするのはおかしいのではないかと、少しオドオドしながら伝えました。すると、調停委員は明らかに「やれやれ」という表情で、「東京の弁護士先生にはわからないだろうけど、この辺りでは実際の取引でも固定資産税評価額とほとんど変わらない。だから路線価がない」とか、「地方では常識で判決でもそうなる」とか、「鑑定してみればわかる」等と言われ突き放されました。また、相手方弁護士も同意見ということでした。

　私は当時まだ2年目を少し過ぎただけの弁護士なのに対し、調停委員はかなりのベテランであり、その方が当然だというのだからそういうものかと思い、「そうですか、わかりました。その方向で検討します」という言葉が出そうにはなりました。

　たしかに、地方では固定資産税評価額とそれほど大きく変わらない金額で取引がされることもあるので、その調停委員の言うことも全く理由がないわけではなかったのです。しかしながら、当時、幸いにもそんな地方の実情についての知識すらなかった私は、見下されたことに対する反発心の方が勝り、「とにかく当該案では到底納得はできないので次回までに対案を用意する」と根拠もなく伝え、期日は続行されることとなりました。相手方も地元の弁護士だったため、次回期日を決めるときの雰囲気はまさにアウェイで、経験の浅い東京の先生に付き合ってあげましょうという何ともみじめなものでした。私は気後れしていることが悟られないように必死に振る舞ったことを覚えています。

アウェイでもあきらめない！

　事務所に戻った翌日以後、いろいろ調べたところ、世の中には地価公示価格というものがあり、調停の場においても参考として用いられるということがあることを知りました（本来、弁護士としては常識なのかも

しれませんが、とにかくこの時初めて知りました)。さっそく、パソコンで該当不動産になるべく近い場所の公示価格を複数調べたところ(さすがに自分の事件にピンポイントというのはなかなかありません)、いずれも、公示価格と固定資産税評価額の特性の差を考慮しても、公示価格が固定資産税評価額を上回る額となっていました。そこで、それらを基準として価額弁償金を計算し、公示価格を示す証拠とともに提出しました。そして、調停期日当日は調停委員とけんかしてやるくらいの覚悟をもって臨んだところ、調停委員も本当に意外なくらいあっさりとこちらの主張を認めてくれ、以後は公示価格を基準として話が進み、最終的に十分に満足できる内容の調停を成立させることができました。

　いま思えば、公示価格も固定資産税評価額もともに公的な価格なので、公示価格と固定資産税評価額の特性の差を考慮しても、公示価格が固定資産税評価額を上回る額であることを立証できたので、すんなりと調停委員や相手方も引き下がったのだろうと思いますが、当時の私は、「あの調停委員の対応は何だったのだろう」と疑問に、時には憤っていたことを思い出します。

　深い(弁護士なら当然の？！)知識と事前の準備の重要性を痛感するとともに、完全アウェイのときでも安易に流されてはいけないということを学んだこの経験が、皆さまの参考になれば嬉しいです。

　なお、地価公示価格は国土交通省の「土地総合情報システム」というサイトで簡単に調べられますので、ご参考にしていただければと思います。

> 体験談3

不動産評価には要注意

弁護士5年目　男性

「姉弟間で話合いができません」

　弁護士2年目の頃、都心に住む50代の女性が事務所に相談に見えました。父親（被相続人）の遺産分割協議をしたいが、3人の相続人（依頼者、妹、弟）のうち弟が話合いに応じず、困っているとのことです。
　依頼者は都心から少し離れたA県の山間部で生まれ、大学進学を機に東京へと移住し、以後ずっと都内で生活をしています。他方、妹と弟は、被相続人と同じくA県の山間部で生活し、それぞれ結婚した後も、実家にほど近いところに暮らしているようです。被相続人は晩年に認知症を患っていたため、被相続人の財産管理は妹が行っており、預金通帳も妹が保管していました。また、依頼者と妹の仲は良好であるものの、依頼者と弟、妹と弟はいずれも昔から仲が悪く、父の葬儀で十数年ぶりに顔を合わせたとのことでした。喪が明けた後、依頼者が弟に遺産をどうするかと電話をしてみたときにも、全く話合いにならなかったといいます。

買い手が付きそうにない土地？

　私が遺産の内容を尋ねると、依頼者は、預金と不動産だけだと思うと言いながら、被相続人名義の預金通帳、名寄帳及び公図を手渡してきました。預金通帳は妹が保管していたもの、名寄帳と公図は依頼者自身が取得したもののようです。その名寄帳を見て私は驚きました。そこには

被相続人の自宅（土地・建物）のほかに100筆を超える土地が記載されていたからです。公図と照らし合わせながら一つひとつ確認していくと、そのほとんどが農地（田・畑）であり、いずれも被相続人の自宅周辺に所在していることがわかりました。

　遺産分割に関する依頼者の意向は、不動産を一切取得せず、預金と代償金のみを取得したいというものです。また、上記土地の価値を依頼者に聞いてみると、「荒れ放題の空き地であり、買い手が付くようなものではないと思う。価値としてはせいぜい固定資産税評価額程度であろうし、私としてもそれを基準にしてもらえれば十分だと考えている」とのことでした。また、妹も同様の考えとのことでした。

価値の高い土地が紛れていることも

　以上を前提に遺産分割調停を申し立てたところ、相手方である弟が、100筆余りの土地のうち5筆のみを取得したいと主張してきました。「被相続人の自宅（実家）の土地・建物をはじめ、その他の不動産は相続したくないが、実家周辺にある5筆の土地だけほしい」というのです。依頼者に尋ねてみても、弟がなぜその土地だけ取得したいと言っているのかわからないと言います。私はその土地に何かあるのではないか、ひょっとするとその土地だけ価値が高いのではないかと思い、不動産業者への査定依頼をお願いしました。

　その結果、弟が取得を希望している土地は、申立書に添付していた固定資産税評価証明書上の価格は非常に低いものの、別荘地としての利用に優れた見晴らしのよい場所であり、査定額も周辺の土地と異なって高額となることが明らかとなりました。

　そこで、リゾート地の査定を得意とする別の不動産業者にあらためて査定を依頼したところ、先ほどの業者による査定額よりもさらに価格が上がったため、当方から、リゾート地を得意とする業者による査定書を証拠として提出したところ、弟も同様に（当方の査定額よりも低い金額

の）査定書を提出してきました。そして、調停委員を交えた協議の結果、両者の中間額を評価額とすること及び弟がそれを前提とした代償金を支払うとの内容で話がまとまりました。

その後、誰も取得を希望しなかった不動産については、各相続人が数十筆ずつ単独相続することで話がまとまり（調停成立後に、その不動産をどう処理するか、という問題は残るものの）、遺産分割調停としては終了させることができました。

不動産評価次第で損をする可能性がある

本件では、不動産の査定書をとらないままであれば、また、一般的な不動産業者の査定書を取得したことに満足してリゾート地専門業者による査定書をとらなければ、おそらく相手方が取得した土地が実際の価値よりも低く評価されたままとなり、当方が取得できる代償金が少なくなってしまうところでした。

一般に不動産は価値が高い財産ですので、その評価次第で遺産分割の結論に大きな影響を及ぼします。また、不動産業者による査定書は、その業者の得手不得手によって、価格が大きく異なることもあります。このことを実感できた事件で、非常に印象に残っています。

ワンポイントアドバイス

事前に可能な限り評価を把握して方針を立てること

今回は、不動産にかかわる体験談ばかりでしたが、株式や不動産の評価額については、当事者間で評価額についての合意（評価合意）を成立

させられなければ、最終的には裁判所での鑑定により評価額が決められるのが原則です。

　しかし、鑑定には、数や規模等に応じて、数十万円から数百万円の費用がかかってしまい、鑑定実施により、依頼者の経済的負担が増えてしまいます。

　そこで、弁護士としては、このような事態が発生するのをできるだけ防ぐべく、安価な方法での評価資料取得を試み、関係者の説得等を試みることが大事です。

　不動産については、公示価格や固定資産税評価額、路線価を用いるほか、不動産業者に簡易査定をとってもらう方法がまずは使われ（なお、不動産業者による簡易査定については、物件の特性等により、業者によって得意不得意の差、見込み顧客リストの有無の差等が出て、価格が大きく違うこともあります。業者に細かく条件を伝えたり、気になる点を聞いたりしながら取得を試みましょう）、納得できない場合には、コストの二重負担も覚悟していただいたうえで、私的鑑定や裁判所の鑑定によることになります。

　株式評価については、残念ながら、多くの弁護士は、決算書を見ても正確な値段を算出することはできないでしょうから、当該会社の顧問税理士に無料（顧問料の範囲内）でざっくり株価を算出してもらえないか等と依頼者から聞いていただき、この方法が不可能な場合には、有料での意見書提出を依頼したりし、また、鑑定費用の目安を伝えておいたうえで事件対応に臨みます。

　いずれにせよ、株式や不動産の評価額は、遺産分割内容や分割方法選択を大きく左右する要素の1つです。

　協議や調停を始める前に、しっかりとリサーチしてから事件対応を始めるようにしつつ、また、普段の執務にあたっては、いざという時に頼れる士業や業者との良好な関係を構築しておきましょう。

□ 地番って何だ？

　私が弁護士になって間もない頃、ボス弁から、不動産の登記情報を取るよう指示されたことがありました。しかし、教えてもらった住所を登記情報提供サービスに何回入力してもエラーとなってしまい、登記情報がとれません。
　私が恐る恐る事務員に尋ねたところ、にっこり笑って、「先生、それは住居表示です。登記をとるためには地番を入力しなければ駄目です。特に都市部では、1つの土地について、地番と住居表示があるんです」と教えてくれました。
　なお、地番の情報は、「一般財団法人民事法務協会」による登記情報提供サービスの一部である「地番検索サービス」で確認できます。また、弁護士会の図書館等のブルーマップで確認できるほか、法務局に直接問い合わせて教えてもらうという方法もあります。
　地番と住居表示の違いは、今となってはごく基本的なことですが、当時はそれすらもわかりませんでした。
　また、弁護士が知らないことでも、事務員なら知っていることも多くあります。特に弁護士になって日の浅いうちは、是非とも、恥ずかしがらずに事務員に聞いてみましょう。

☐ 生命保険と相続財産・税金の問題

　生命保険と相続財産との関連性に関しては、保険金請求権の帰属の問題が出てきますが、それ以外の問題は、民法の教科書等にあまり記載されていないように思います。生命保険契約では、「保険契約者（名義人）」「出捐者（保険料支払人）」「被保険者」「受取人」という4者が関係者として出てきます。

　まず、生命保険の保険料出捐者は被相続人であるものの、契約者、被保険者及び保険金受取人は被相続人以外の者(例えば、被相続人の子)である場合が見受けられます。この場合、生命保険の名を借りた実質的な金銭贈与にあたり、満期保険金について、贈与税の課税対象になる可能性があります。また、遺産分割手続上、特別受益（又は遺産の前渡し）の問題が生じる可能性もあります（なお、名義人と出捐者とが異なる場合に保険契約者を誰とすべきかが問題となった判例として、東京高判平成24年11月14日判タ1386号277頁〔28210206〕）。

　次に、生命保険契約者・保険料出捐者及び保険金受取人は被相続人、被保険者は被相続人以外の者である場合もあります。この場合、被相続人が死亡しても、保険事故が発生したわけではないので、生命保険契約は存続します。そのうえで、生命保険契約者は死亡しているため、保険契約者たる地位は相続財産となり、遺産分割の対象となります（なお、名義変更と保険会社への対抗要件に関する問題となった判例として、東京地判平成23年5月31日生命保険判例集23巻288頁〔28280084〕参照）。

　また、生命保険契約者が被相続人、保険金受取人が被相続人以外のケースで、保険金受取人が被相続人より先に死亡してしまったものの、被相続人が受取人の変更をせずにその後死亡した、と

いう事案（いわゆる保険金受取人の先死亡事案）も存在します。この場合、保険法46条が適用され、保険金受取人の相続人全員が保険金受取人となります（受取割合は法定相続分ではなく、相続人の数に応じて按分）。

　ただし、保険法46条は任意規定なので、保険約款等でそれと異なる定めをしたときには、その約款の内容が優先されます。特に、かんぽ生命の保険約款は、保険金受取人を「被保険者の遺族」として定め、その遺族の範囲については独自の規定を設けています。被相続人の一人っ子であった保険金受取人が、未婚で子どもも設けないまま死亡したような事案では、被相続人の甥姪が「被保険者の遺族」に該当せず、保険料が最終的に国庫帰属してしまうようなことも想定されます。

　生命保険契約は、「保険契約者（名義人）」「出捐者（保険料支払人）」「被保険者」「受取人」という4者が誰になっているかにより、相続財産になるのか否かも異なりますし、発生する税金の種類も異なりますので、注意が必要です。

Method 09 | 遺産分割

▶ 家裁の枠にとどまらない、
　必要なのは総合力!

――相続は死亡によって開始し（民法882条）、相続人が数人あるときは、相続財産は、その共有に属する（同法898条）ことになる。

　被相続人の遺言がない場合には、この共有の状態を解消し、相続財産の帰属を確定するために、遺産分割を行うことになるが、弁護士関与の有無にかかわらず、話合いでの解決が可能であれば、まずは遺産分割協議を進めることが一般的であろう。協議での合意が難しいようであれば、遺産分割調停による解決が考えられる。

　もっとも、遺産分割をめぐる紛争内容は、分割そのものに限られない。前提となる問題、付随する問題など含め、さまざまなものがある。

　例えば、被相続人の遺言能力に疑義があるなど、遺言無効の主張がされることもあれば、死亡前後の使途不明の預貯金の引出しについて、相続人の不当利得であるとの主張がされることも少なくない。ほかにも、相続財産に不動産があり、賃料収入がある場合には、当該収入の帰属をめぐって相続人間に争いが生じることもある。

　このような主張がなされると、遺産分割が成立するまでに長期間かつ複数の手続が進行することになるため、分割手続以外にも、どのような手続をとる必要がありそうか、受任時に見通しを立てておくことが肝要である。

遺産分割とは

　冒頭に述べた遺産の共有関係（民法882条、898条）は、各共同相続人に相続分に応じ遺産を適正・妥当に分配することを前提とした暫定的措置であり、このような共同所有関係を個人の単独所有に分解するために行う分配の手続が遺産分割です。遺産分割によって、不動産や預貯金、株式など、遺産を構成する個々の財産が、相続人の誰に帰属するかが、はじめて具体化されることになります。

遺産分割の方法

　遺産分割の方法は、被相続人が遺言で分割の方法を指定すればそれによりますが（指定分割。民法908条1項）、遺言による指定がない場合は、共同相続人は、その協議で、遺産の分割をすることができます（協議分割。同法907条1項）。遺産分割協議の成立には、全共同相続人の参加とその合意を必要としますが、他方で、全共同相続人の合意があれば、例えば、全ての遺産を1人の相続人に帰属させるような法定相続分と異なる分割協議も可能ですし、遺産の一部についての分割協議も可能です。
　共同相続人間に協議が調わないとき、又は協議をすることができないときは、各共同相続人は、その分割を家庭裁判所に請求することができます（同条2項本文）。各共同相続人は、調停の申立てをすることもできますし（家事事件手続法244条）、また、いきなり審判の申立てをすることもできます。ただし、遺産分割は別表第二事件（同法別表第二の十二の項）であるため、家庭裁判所は、当事者の意見を聴いて、いつでも職権で調停に付することができます（同法274条1項）。そのため、家庭裁判所における分割では、通常は話合いの手続である調停から入るのが一般的です。
　なお、平成30年改正民法により、遺産の一部分割をすることができ

ることが明文化されました（民法907条1項）。一部分割の場合にも、協議が調わないときは、家庭裁判所に分割の請求ができる点で全部の分割と変わりはありません（同条2項本文）。一方で、遺産の一部を分割することにより他の共同相続人の利益を害するおそれがある場合には、一部分割ができないことが明示されています（同条2項ただし書）。

遺産分割協議書作成の注意点

　裁判外で遺産分割協議が成立した場合、協議の内容を遺産分割協議書にとりまとめることになります。その際の注意点を確認してみましょう。

(1) 一般的注意点

　遺産分割協議書は、遺産分割後の不動産の所有権移転登記の登記原因証明情報となり、あるいは金融機関にて被相続人の預貯金の払戻しを受けるために必要となります。

　その際、法務局あるいは金融機関から、遺産分割協議書とともに、押印した相続人の印鑑証明書を要求されるのが通常です。そこで、遺産分割協議書を作成する際は、各相続人に印鑑証明書を徴求するとともに、実印による署名捺印をいただく必要があります。

(2) 遺産目録について

　遺産分割協議書で特に気を付けなければならないのは、遺産目録の正確性です。遺産分割後の諸手続に不都合が生じることがないよう、遺産を正確に特定する必要があります。

ア 不動産について

　相続財産に不動産がある場合、遺産分割協議書は、そのまま所有権移転登記の登記原因証明情報となるため、登記簿謄本の記載に従って、土地については、「所在」「地番」「地目」「地積」、建物については、「所

在」「家屋番号」「種類」「構造」「床面積」により、正確に特定します。
　未登記建物についても、固定資産税の対象となることから、固定資産税評価証明書の記載に従い正確に特定します。
　借地権については、契約書の記載に従い特定します。一般的には、「所在」「地番」「地目」「借地面積」「賃貸人」「賃貸目的」などで特定します。

イ　預貯金について

　「金融機関名」「種類」「口座番号（記号・番号）」で特定します。
　通常は、各金融機関から残高証明書を取得し、その記載のとおりに協議書に記載します。他方、金額については、相続開始後に利息等が発生する場合もあり、協議書における特定には記載の必要はありません。
　なお、例えば配偶者や子の名義であっても、実質的に被相続人の名義預金がある場合は、上記に加えて「名義人」を記載し、これを被相続人の遺産として特定することもあります。相続税の申告漏れのそしりを受けないためには、あらかじめ名義預金を遺産目録に記載する必要があります。

ウ　有価証券について

　株式、出資証券、証券投資信託受益証券等の「種類」及び「銘柄等」「数量・口数」等で特定します。なお、他人名義であっても、実質的には被相続人が出資したと評価されるいわゆる名義株についても、上記に加えて「名義人」を記載して特定し、遺産目録に記載しておく必要があることについては、名義預金と同様です。

遺言の有効性の争い

　被相続人が、遺言書を作成していた場合、通常は遺言に従って遺産分割が行われますが、相続人から当該遺言書の有効性について異議が出さ

れることがあります。
　一部の相続財産についてのみ遺言書で分割方法が指定されている場合には、他の相続財産については分割協議を行わなければなりませんが、遺言書の無効・有効が決まらなければ遺産分割を進めることはできません。遺産分割調停が開始した後に遺言が無効であるとの主張がされる場合もありますが、主張が維持される限り、調停を継続することはできず、地裁での遺言無効確認訴訟等により解決をする必要があります。

被相続人死亡前の預貯金の引出し等

　被相続人が生前に預貯金を引き出したのであれば、残っている預貯金が相続財産となりますが、相続人から、他の相続人が預貯金を引き出して取得したといった主張もよくされます。
　この場合は、誰が預貯金を引き出したのか、相続人が引き出したとしても生前贈与の対象となるものだったのかなどを整理する必要があります。いわゆる使途不明金の主張がされ、調停内での何らかの処理の合意がされずに主張が維持される限り、地裁での不当利得返還請求訴訟等により解決をする必要があります。

被相続人死亡後の預貯金の引出し

　被相続人の死亡後、相続人が預貯金を相続財産から引き出して費消したのであれば、その費消部分については、別途の不当利得返還請求訴訟等を検討する必要があります。

相続財産から発生する果実

相続財産である不動産や株式などから賃料収入や配当などの果実が生じた場合、当該果実は相続財産とは別個の財産であり、各相続人は相続分に応じて確定的に取得するとされています（最一小判平成17年9月8日民集59巻7号1931頁〔28101750〕）。

これは、元来、当該果実は遺産とは別個のものであるという考え方であり、遺産分割の対象ではないことになりますが、全員の合意があれば、これを遺産分割の対象とすることができるというのが実務の立場とされています。

事実上、相続人の1人が不動産や株式を管理している場合、その者が賃料等を取得していることもありますが、協議で清算ができないときには、別途不当利得返還請求訴訟等を検討する必要があります。

相続財産の管理費用の分担

相続の発生から遺産分割の成立までにはある程度時間がかかりますので、その間の相続財産の管理費用をどのように負担するのか問題になることがあります。

具体的には、相続財産の固定資産税や賃料、電気代、修繕費など日々発生するものも多数あります。

考え方としては、①遺産から清算する、②遺産とは別個のものとして民事訴訟等によるべきという考え方があり得ます。実務的には②の考え方によることが多いように思われますが、当事者の意向によって柔軟な処理が望まれます。

> 体験談1

いまの思いを
数世代先の相続に反映できる？

弁護士9年目　女性

　父親が死亡し、母親と子どもである2人姉弟が相続人となり、姉からの相談を受けました。

　父親の遺産は相談者の実家である先祖代々の土地建物のみでした。相談者としては、結婚して東京に出てきていて今後も実家のある田舎に戻る可能性はなく、一方で実家には父親の生前から弟夫婦が同居しているため、今後弟1人のものになって構わないとのことでした。ただ、弟夫婦には子どもがおらず、弟が死亡した後、その配偶者が亡くなるまでの間がこの実家に住むことで構わないが、配偶者死亡後は、相談者の娘（被相続人の孫）に実家の権利がいくようにしたいという希望をお持ちでした。また、この希望については、母親や弟夫婦も、弟死亡後の配偶者の生活が保障される限りにおいて、それで構わないと言って賛同しているとのことでした。

　このような趣旨のご相談は、相続の発生前後にかかわらず、よくあります。やはり、兄弟の配偶者とはいえ、自分にとって血縁上は他人。兄弟が先に死亡した場合には、配偶者やその家族、又は配偶者の再婚相手等、全くの他人に相続されてゆくこともあります。そのような者に先祖代々の土地の権利が一部でもいってしまうことは心情的に許せないのでどうにかならないかというのです。先祖代々の土地ではなくても、自分が住んでいた実家というだけでも、売却する等によって他人に権利がいくことを嫌がる方も多いと感じます。

　結局、話合いがつかずに遺産分割できないまま放置され、被相続人の孫やひ孫の代になってやっと売却して遺産分割が完了したというケースもあります。

本件のように、姉弟とその家族の関係が良好である場合、口約束だけでも、スムーズに解決することもあるかもしれません。ただ、相談者や弟夫婦の相続が発生するのは何年、あるいは何十年先であり、それまでに関係が悪化する可能性もあります。また、当事者が死亡する頃には、事情をよく知る人がいなくなり、あやふやなままに処理されてしまう可能性もあります。

遺言の活用

　そのような事態を避けるために、スタンダードな方法として、まずは遺言が思いつくところでしょう。
　例えば「弟死亡後は配偶者に、配偶者死亡後は姉の娘に相続させる」といった内容の遺言書が作成できるのであれば一件落着、一挙解決かもしれません。しかし、遺言では一世代先の財産承継しか指定できないとされているため、このような遺言書を作成することはできません。そのため、その後については、当該財産を相続した人にさらに遺言書を作成してもらう必要があります。
　具体的には、まず弟が「配偶者に相続させる」という内容の遺言書を作成します。そして、弟死亡後、相続人である配偶者に「姪である姉の娘に相続させる」という内容の遺言書を作成してもらうのです。ただ、遺言書は書き直しができるため、死亡までの間に関係悪化や気持ちの変化等により、相談者の知らない間に遺言書の内容が変更される可能性があります。また、本件では、弟が先に死亡した場合に、その配偶者が任意で遺言書を作成してくれれば問題はありませんが、何年も先のことであり、さらに近くに住んでいるわけでもないため、顔を合わすことも年に数回で、今後の関係もどうなるか不明確で不安が残ります。

民事信託の活用

　そこで、このケースでは民事信託を勧めることにしました。
　民事信託は、事業承継でも利用され、自社株の相続権を二世代以上先まで指定することにより、経営権の分散を避けるという対策をすることができます。この方法を活用し、本件不動産を信託財産として、実質的に弟、その配偶者、相談者の娘へと相続させることを提案しました。
　具体的には、弟と相談者の娘との間で信託契約を締結し、弟を委託者兼受益者、相談者の娘を受託者として、弟が死亡した後は弟の配偶者を受益者とし、配偶者の死亡により信託が終了するよう定め、信託の残余財産の帰属を相談者の娘に定めました。
　こうすることにより、相談者の先祖代々の土地は、直系卑属である娘に承継されることになりますし、相談者の娘が財産を管理することで弟の配偶者の生活を守ることもできるというメリットもあります。
　私が民事信託を利用したのはこの件が初めてで、それ以降は提案をしても採用されることはありませんでした。結局、相続人間の関係が悪い場合には、民事信託契約が締結できないですし、関係が良好な場合には、相続について放置していても現実にはそれほど問題がないため、あえて複雑な（ように感じる）民事信託の方法をとる必要性はないと判断されたのだと思います。
　ただ、今後、民事信託が周知されていけば、活用する人も増え、相続の紛争が減るのではと考えています。

体験談2

使途不明金問題

弁護士3年目　男性

　遺産分割調停で、紛糾する問題の1つが、「被相続人の生前に、被相続人の預貯金が無断で解約・引き出され、被相続人の金銭が死亡時に減少している」と相続人が言い出すケース、いわゆる「使途不明金問題」です。

　例えば、被相続人の遠方で居住していた相続人から、被相続人と同居し生前に被相続人を介護してきた他の相続人に対して、遺産分割調停を行う場合などで、しばしば問題になります。

　今回ご紹介するAさんのエピソードも、まさにその典型例でした。

問題が起きる典型例

　AさんとBさんは被相続人の子であり、相続人はその2人兄弟だけでした。被相続人の生前に、被相続人を介護してきたのはBさんだったので、Aさんは、被相続人の死後、Bさんに対して被相続人の相続財産を開示してほしいと依頼しました。

　Bさんから被相続人の財産が開示されたのですが、被相続人死亡時の預貯金額はAさんが思っていたよりも少ないものでした。そのためAさんは、被相続人の生前、被相続人からBさんに対して多額の贈与がなされたのではないかと疑い、遺産分割調停を申し立てていました。

預貯金履歴調査

　私がAさんから受任をすると、まず、Bさんに対して相続税申告書案の開示を求めました。相続税申告書では被相続人の死亡日から直近3年間の生前贈与を記載する必要があるため、相続税申告書案を見れば、その間の生前贈与がわかります。しかし、Bさんから開示された申告書案には、生前贈与の記載はありませんでした。
　私は、並行して、金融機関に対して、保存されている期間の取引履歴の開示請求を行いました。預貯金の取引履歴は、通常、開示請求をした日から10年間遡って取得でき（ただし期間は金融機関によっても異なります）、その間の被相続人の金銭の動きを把握することができます。
　取引履歴を調査すると、被相続人の死亡日から遡って5年前頃に、1,000万円程度の預金の解約があることが判明しました。
　そのため私は、金融機関に対して、この時の解約時伝票の開示を請求することにしました。金融機関は、解約時伝票の開示については任意に応じてくれなかったため、弁護士会照会を通じて、解約時伝票を取得しました。
　そのような形で解約時伝票を取り付けたのですが、被相続人は、預貯金を解約して現金化するにとどまり、同日、Bさんの口座に振込送金をしたような記録を発見することはできませんでした。

家庭裁判所は遺産を探すことはしないのが原則

　私は、Aさんに対して、上記調査の結果を伝えましたが、Aさんは納得していませんでした。Aさんは、1,000万円がBさん名義の口座に入金されているのではないかと話し、調停期日でも、家事事件手続法に基づく調査嘱託（同法258条1項、62条）により、Bさん名義の預貯金の取引履歴を調査してほしいと話していました。調査嘱託が採用される場合もありますが、本件のような遺産に関する探索的な調査嘱託につ

いては採用はされないことが通常だと思います。ましてや、相続人の預貯金履歴の調査は到底採用してくれません。

　調停委員からAさんに対して、これ以上争うのであれば訴訟等を提起してほしいという話があり、結局Aさんは、渋々使途不明金問題を外して調停合意を行いました。

疑惑は続くよどこまでも

　遺産分割調停において、使途不明金問題を協議の対象に含めるためには、
　①使途不明金の対象となり得る出金がある
　②相続人が預貯金の引出しをしたか、又は、被相続人から相続人に対して金銭が渡ったことがわかる
という条件をクリアする必要がありますが、これらの条件をクリアできない場合も多くあります。

　また、預貯金の引出しが判明したとしても、③被相続人に贈与の意思があるか（無断引出しの場合には訴訟事項か遺産の前渡しとして構成）、④その贈与が特別受益としての贈与たり得るか否かという問題も検討する必要があります（片岡武＝管野眞一編著『家庭裁判所における遺産分割・遺留分の実務〈第4版〉』日本加除出版（2021年）77頁参照）。

　このように、遺産分割調停において、使途不明金問題を協議の対象に含めるのはなかなかハードルが高いのですが、実際の調停では、これらの条件を満たしていないにもかかわらず、使途不明金問題が主張されることも多くあります。

　なお、東京家庭裁判所では、調停の席で使途不明金問題が出されると、3回目の期日までは付き合ってくれますが、それでも問題が解決できないときは、原則として、以降の調停期日ではそれ以上取り上げない、という運用がされています。その場合、使途不明金問題は、別途、訴訟手続により解決するしかありません。

いずれにしても、可能な事実調査をしたうえで、どのような法的構成をとるかという点と、調停の中で問題が解決できない場合、別途訴訟提起をしてでも取り組むつもりがあるかという点を、事前に依頼者によく話しておくことが大事であると考えさせられました。

> 体験談 3

遺言が無効になってもあきらめるな

弁護士 10 年目　男性

事案の概要

　依頼者らは相続人である兄弟 4 人のうちの 3 人、被相続人は母親とする相続について、残りの兄弟 1 人と対立しているという事案です。
　被相続人は相手方である兄弟 1 人にほぼ全ての財産を残すという自筆証書遺言を残していました。
　依頼者らは、被相続人が、生前「遺産は全て兄弟で仲良く分けるように」と言っていたにもかかわらず、そのような遺言書を残すことは考えられないと言って相談に来られました。
　被相続人は、本件の自筆証書遺言の前に、別の公正証書遺言も作成していましたが、その内容は、依頼者らが被相続人から聞いていたものと概ね一致する公平なものでした。
　有効な遺言書が複数回作成された場合には、最も新しい遺言書が有効とされ、古い遺言書は新しい遺言書に抵触する限りで無効となります。
　この点、自筆証書遺言が有効として認められるためには、日付、署名を含む全文自筆で作成されていること、捺印が必要であり、どれか 1 つ欠けても遺言は無効になるところ（民法 968 条 1 項。なお方式を緩和す

る平成30年改正（同条2項）に留意）、本件遺言書は、全文自筆であり、日付が記載されているなど要式性は満たしているものの、一部他人の筆跡が混じっているようにみえること、事情を聞いてみると被相続人は認知症を患っていたことなどもわかり、かなり「怪しい」ものでした。

　そこで、依頼者らは、遺言無効確認訴訟を提起することにしました。この訴訟では、第1審で遺言の無効を確認する旨の判決が出されました。その後、相手方からの控訴も棄却され、遺言無効の判決が確定しています。

　ちなみに、遺産分割調停を行っていても、遺言無効確認の主張を行うと、調停を進めることができなくなります。この場合、調停は不成立等により一旦終了し、家庭裁判所ではなく地方裁判所での遺言無効確認訴訟の手続が確定してから、必要に応じ、再度調停の申立てをすることになるため、事件の解決には長い時間が必要になります。

　このように、自筆証書遺言は無効であることが確定し、従前の公正証書遺言に基づいて遺産分割を行おうとしましたが、相手方はこれに応じませんでした。そこで、依頼者側としては遺産分割調停を申し立て、調停の場で話合いを行おうとしましたが、今度は相手方が「被相続人が作成した自筆証書遺言によって死因贈与契約が成立した」として、遺言書記載の不動産の所有権移転登記を求める訴訟を提起してきました。

　というのも、自筆証書遺言は、厳格な要式性を求められる（要式を満たさないと無効とされる）一方で、死因贈与契約にはそのような要式性がありません。死因贈与契約は、口頭で成立する諾成契約であるため書面で行う必要はなく、死因贈与契約について定めた民法554条の規定は、死因贈与の効力について遺贈の規定に従うべき旨定めたにすぎず、その契約の方式についてまで遺言の方式に関する規定に従うべきことを定めたものではないとされています（最三小判昭和32年5月21日民集11巻5号732頁〔27002812〕参照）。

　したがって、例えば遺言書が方式違背により遺言としては無効であっても、死因贈与の意思表示の趣旨を含むと認められるときは、無効行為の転換として死因贈与の意思表示があったものとされ、相手方がこれに

対する承諾の事実が認められるときには、死因贈与の成立が認められます。相手方は、この点に着目をして訴訟を提起してきたのでした。

本件においても、相手方は、上記の判例をもって、自筆証書遺言としては無効であっても、死因贈与契約としては有効であると主張してきたのです。

これに対し、依頼者側は、死因贈与契約として有効と認められるためには、当事者間の合意があったことが必要となるところ、そういった合意がなかった旨反論しました。具体的には、自筆証書遺言の訴訟中に相手方が主張していた事実と、死因贈与契約の有効性を主張する訴訟の中で相手方が主張している事実の矛盾を主張したのです。

ところが、本訴訟では死因贈与契約が有効に成立しているとする判決が出されてしまい、第1審では依頼者側敗訴という結果になってしまいました。

当然、依頼者側は直ちに控訴しました。控訴審においては、一転して裁判官より死因贈与契約が無効であることは十分に考えられるとして、和解の提案がなされ、和解を検討することとなりました。

裁判所からは、死因贈与が無効であることを前提とした和解案が提示されたため、依頼者側としては満足のいくものでしたが、当然相手方からは強い反発があり、和解は難航しました。

結局、高裁において15回以上の和解期日を経て、最終的になんとか死因贈与契約が無効であることが前提となる内容の勝訴的な和解が成立しました。

本件においては不動産が相続財産に含まれていたため、土地の評価についても当事者間で争いがあったほか、被相続人の死亡直前に多額の預貯金が引き出されているなどの事情もあったため、不動産鑑定評価や、不当利得返還請求も問題になる事案でした。こういった問題点を別訴であらためて検証したうえ、解決しようとすると、かなりの時間を要したと思います。

その意味で、時間はかかったとはいえ、当該所有権移転登記請求訴訟の手続内で全体的な解決ができたことはよかった事案だと思っています。

このように、本件では、遺言の無効や死因贈与契約の不成立を主張する立場で事件を担当しましたが、遺言に基づいて相続財産を取得する立場からは、遺言が無効になったとしても、死因贈与として認められる余地があり、簡単にあきらめてはならないのだと実感しました。

なお、この事件で私は初めて高裁の事件を担当しましたが、控訴審の第一回口頭弁論期日の公開の法廷において、控訴理由書の内容の説明を求められたり、一字一句誤字を指摘されたりするなど、たいへんに恥ずかしい思いをしました。それ以降、誤字脱字のチェックは、事務局とあわせて必ず2度は行うようにしています。

体験談4

果実を奪い合う相続人

弁護士3年目　男性

スケールの大きな相続

私が事務所の先輩と一緒に案件の対応に入った際の話です。

ある資産家が亡くなり、その姉と弟が相続することになりました。私たちは姉側の代理人です。資産家は生前に公正証書遺言を残しており、当該遺言の内容は、現金等は弟に相続させ、ほとんどの不動産については姉に相続させることになっていると聞いていました。景気がよいことに、相続財産全体の額としては10～20数億円にのぼり、かなりの数の不動産が収益物件であったことから、遺言どおりに分割できれば、そこまで苦労はかからない案件だと思っていました。ところが当該遺言書の記載を仔細に確認すると、預貯金、株式、現金等については問題なかったのですが、不動産に関する文言に、ちょっと問題があったのです。

遺言書の文言に気を付けよう

　当該公正証書遺言には、「ほとんどの不動産」について姉が相続する旨の記載がされていたものの、正確には「弟は、姉と協議のうえ、対象の不動産のうち1つを相続する。その他の不動産については姉が相続する。」と記載されていたのです。このような記載になっている場合、残念ながら遺言だけでは不動産に関する相続は確定できず、結局、全てが遺産共有の状態になってしまいます。

まさに骨肉の争い

　当初は簡単に終わるかと思った案件でしたが、そこからは、まさに骨肉の争いとなってしまいました。不動産について、姉と弟が協議のうえ、弟が相続する1つの不動産を選ぶということですから、姉も弟も躍起になって大量の不動産のうち、どれが一番自分にとってメリットがあるのか、逆にどれが一番デメリットとなるのか、それぞれの立場で計算するようになりました。当然、私も各収益物件の賃料、預かり敷金、入居状況や賃料支払いの状況、更新時期、建物のみを所有している場合には地権者との契約関係、土地の賃料の相場等を調査することになり、その調査と整理には莫大な時間が必要になりました。

　おそらく遺言書を作成した資産家や、これに助言をした人はこのような事態になることは想定していなかったものと思われます。しかし、結局、相続対象財産となっている不動産の全てについて、簡易ながらデューデリジェンスを行わなければならない状況となってしまったことで、姉にとっては想定外のマイナスが起こることになってしまいました。それは、果実の帰属の点です。

遺産共有状態の果実の帰属

　基本的な問題ですが、遺産共有状態における果実は、誰に帰属するのでしょうか。最一小判平成17年9月8日民集59巻7号1931頁〔28101750〕によると、相続財産である不動産から生じた法定果実は遺産には属さず、遺産とは別個の債権となり、これは法律上当然に、法定相続人間で法定相続分割合に応じて分割される、とされています。つまり、遺産共有状態になり、遺産分割が成立して不動産の所有関係が確定するまでの間に不動産から生じた法定果実は、姉と弟との間で法定相続分の割合で確定的に取得することになるのです。

　先輩の弁護士は、当該遺言書の記載文言を確認し、不動産が遺産共有状態になることがわかった時点で、家庭裁判所に遺産分割調停の申立てを行って不動産の分割について協議することと、上記の説明のように姉と弟との間で1つの不動産を決められないために、全体の不動産の法定果実の2分の1を長期にわたり弟に奪われ続けてしまうことを避けるため、ある程度のところで折り合いをつけるべきである旨を助言していました。しかし、そうした助言は依頼者である姉には聞き入れられず、姉の意向に沿って任意の交渉を続けました。当然ながら、弟においても自身にメリットの大きい不動産の取得を強く主張するため、両者の話合いはまとまらず、時間がかかることになりました。

　その間の不動産全体の法定果実は1か月当たり優に数千万円となります。数か月続けていれば、簡単に億単位の法定果実が発生し、これを姉と弟とが法定相続分の割合で取得することになってしまいました（もちろん、支出も増えることになるので純利益ではありませんが）。

　弟側はこのことを知ってか知らずか、交渉をできるだけ長引かせる姿勢でしたので、結局、このまま裁判所を通じた手続に移行したとしても、いずれかの不動産を渡さなければならないこととの差し引きから、弟側の意向をかなり受け入れる内容で不動産に関する遺産分割を終えることになりました。

　対象の不動産の規模が大きくなればなるほど、そこから発生する果実

にも十分注意が必要になることを感じさせられる案件となりました。

ワンポイントアドバイス

遺産分割事件受任の心得

　多くの相続人や関係者、多額かつ多数の財産が関係することも多い相続事件を処理するにあたって気にしなければならないことは非常に多いです。ここでは、その中で遺産分割事件について、最低限気にしたい要点を紹介します。

　ほかにもいくつも注意点はありますが、まずは以下の点を押えて各種検討のうえ、執務を行いましょう。

(1) 遺言の存在、有効性、遺言が無効になった場合に想定される反論を確認せよ

　遺産分割事件を受ける際には、まずは、遺言の有無を確認しましょう。

　ご存知のとおり、有効な遺言が存在する場合、全相続人が遺言と異なる内容の遺産分割を行うことに同意しない限り、遺産分割はできませんし、その前提となる遺産分割調停等も行うことができません（そして、遺言内容には通常、各相続人間に利害関係の差があり、全相続人が遺言と異なる遺産分割を行うことに同意することは稀です）。

　また、体験談3のように、遺言が無効と確定しても、さらに主張される反論もあり得ます。

　そのため、遺産分割事件を受けるにあたっては、遺言の存在や有効性、遺言が無効になった場合に想定される反論を確認してから、遺産分割事件として受任をし、執務を進めましょう。

(2) **段階的進行モデルを意識して事件を整理せよ**

　遺産分割協議をすべきとなった後に、事件内容を整理するにあたっては、多くの裁判所が採用している遺産分割調停の進行手順を意識して事件を整理すると便利です。

　以下、東京家庭裁判所における遺産分割調停の進行手順（段階的進行手順といわれます）を例に説明すると、東京家庭裁判所では、検討すべき各種問題をわかりやすい手続のもとで漏らさずに検討しつつ、迅速かつ公正客観的な遺産分割の実現等を目的に、「①相続人の範囲→②遺産の範囲→③遺産の評価→④特別受益・寄与分の有無・評価（各相続人の取得額）→⑤分割方法」の順で、遺産分割における各問題を順番に確定させながら手続を進行させていく、という運用がとられています。

　この段階的進行手順については、①から⑤までの手順で進めることをかなり厳格に守る運用がとられているため、例えば、⑤分割方法を早めに協議しておいた方が、より早く和解が成立すると思われるケースなどではかえって事件解決に難儀することもあります。もっとも、感情的対立が激しい場合も多く、お互いの主張・反論が何度も繰り返されやすい傾向がある遺産分割に関する紛争を、結果的に早期の解決に多く導きやすいことや、検討対象を漏らしにくいこと、解決までの道筋を予測しやすいこと等の点で多くのメリットがあるのも事実です。

　そして、特に経験が浅い弁護士にとっては、これらのメリットに非常に助けられる面があります。③評価の検討が不十分なまま⑤分割方法だけを気にしすぎた結果"ヒヤリハット"となってしまった体験談１のような事態を起こさないよう、まずは段階的進行モデルを意識して事件を整理してみましょう。

(3) **前提問題／本来的問題／付随的問題を区別して争点を整理せよ**

　また、争点を整理するにあたっては、それが、「前提問題／本来的問題／付随的問題」のどれにあたるのかも整理しましょう。

　これらのうち、遺産分割調停・審判により、確実に解決まで導けるのは、本来的問題だけ争いになっている場合のみです。前提問題について

争いがある場合（例えば遺言の有効性等）には、それが争いとなることが裁判所で判明した時点で遺産分割調停の進行を止めざるを得なくなりますし、付随的問題については、本来は民事訴訟手続で解決すべき問題等であるため、例えば、東京家庭裁判所では、相続人のうち1人でも遺産分割調停の手続内で付随的問題についても協議することを望まない場合には、付随的問題について話題となってから3期日程度で、遺産分割調停・審判手続内で付随的問題に関する争点については取り扱わないこととされ、各当事者が主張・立証しないよう指示されてしまいます。

　これらの違いを理解しないまま遺産分割調停・審判を申し立ててしまっては、依頼者とトラブルになりかねず、そこまでいかなくても事前説明内容と異なる展開で手続が進むこと等に対して、依頼者からの信頼を損ないかねません。

　争点が整理できたら、その争点の種別や取扱いは必ず確認しましょう。ここでも、段階的進行モデルを意識しておくと、この先の調停の進み方や各課題の取扱い、別途必要になる可能性のある手続など、最終解決までの道のりへのイメージづくりにも有益であると思います。

(4) 資料入手期限に注意せよ

　他方、内容面だけでなく、資料の入手期限にも注意が必要です。

　遺産分割事件（前提問題や付随的問題含む）で問題となる争点は、相当に過去のものであることや、その関係証拠も相当な年数が経過しているものも多く、依頼者は、もともと保存していなかったり、一度廃棄してしまったりしていることも多いですし、行政や金融機関、医療機関等の関係機関も永久に保存しているわけではありません。後で必要になることに気づいたが、その時点ではすでに保管期間が切れていた、だけでなく、受任後すぐに動けていたら取得できていた……このような事態が起きないよう注意しましょう。

(5) 各種士業と連携し、思わぬ負担を回避せよ

　そして、解決策や遺産分割協議書・調停条項の文言案を提示する際に

は、税理士に税効果を確認し、登記等の手続が関係する場合には、司法書士に「この文言で調停を成立させた場合に、不動産登記を申請できるか」等の細かな点を確認し、依頼者に思わぬ税負担等が生じないようにしましょう。

☐ 法定相続情報証明制度

　平成 29 年 5 月 29 日より、法定相続情報証明制度が開始されています。本制度は、相続登記が未了のまま放置されている不動産が増加し、これらが所有者不明土地問題や空き家問題を増加させる一因となっているとして、相続登記を促進するために創設されたものです。

　本制度では、相続人が登記所に対し、戸籍関係を証明する書類（被相続人の出生から死亡までの戸籍の書類等及び法定相続情報一覧図）を提出することにより、当該法定相続情報一覧図の写しに認証文を付けたものを交付してもらいます（郵送での手続も可能です）。

　制度開始からしばらくが経過し、当該証明書により、登記の手続に戸籍を全て出す必要がなくなったほか、また当該証明書については複数枚発行できるため、銀行や証券会社、保険会社など金融機関の手続においても、いちいち戸籍原本を提出して手続後に戻してもらい、その後にまた別の金融機関に戸籍原本を提出して手続を行う、ということが不要なケースが増えましたので、コストと時間の節約が可能となりました。また、東京家庭裁判所の遺産分割調停手続においても、当該証明書の提出を受け付ける運用がなされています（ただし、申立人及び相手方の住民票又は戸籍の附票も併せて提出が必要です）。そのため、相続実務においては、本制度の利用はメリットが多いといえます。

　また、当該証明書については、複数枚発行できる一方で、共同相続人の 1 人に発行したか否かは、他の相続人には通知されないためわかりません。また、当初の発行申請者以外の相続人が発行を要請する場合には、当初の発行申請者から委任を受けるか、

あらためて戸籍等を揃えて申請を行う必要があります。
　遺産相続で紛争になっている親族間のケースにおいて、事情により住民票上の住所を秘匿したい依頼者がいる場合、当該証明書に、住民票上の住所を載せない形で発行することも可能なため、事案に応じて記載事項を調整することも考えられます。

Method 10 相続放棄

▶ **裁判所に申述するだけ、ではない**

――被相続人が債務超過の状況にあったり、消極財産が積極財産を上回ることが見込まれたりする場合には、相続放棄が選択されるのが一般的である。

　もっとも、相続放棄は単に手続さえ行えばよいものではなく、期間制限、法定単純承認との関係、後順位者の相続等、注意すべき点が多くある。また、何気ない行為についても相続財産の処分行為として単純承認とみなされ、相続放棄の効果が認められなくなる可能性がある。したがって、弁護士としては、依頼者の事情をよく聴いたうえで、適切な判断を行うことが求められる。

相続放棄という選択

　相続人は、自己のために相続の開始があったことを知った時から3か月以内に（これを熟慮期間といいます）、相続を承認するか放棄するかを自由に選択することができます（民法915条1項）。このうち、相続放棄とは、相続の効果が自己について発生することを拒絶することであり、熟慮期間内に家庭裁判所に申述申立をし、申立受理の審判により成立し（同法938条。ただし、申立受理の審判の性質については、ワンポイントアドバイスを参照してください）、その者は初めから相続人と

ならなかったものとみなされます（同法939条）。

　相続放棄の申述に理由は問われません。相続財産のうち消極財産（相続債務）が積極財産を超過する場合に相続放棄が行われることが通常ですが、それ以外にも、被相続人との軋轢、他の相続人との人間関係やその財産状況、生前贈与による財産の取得などの諸事情によって相続財産の取得を望まなかったり、遺産分割に関する紛争を回避する目的で相続放棄を選択したりするなど、相続財産の内容とは直接には無関係の理由によって相続放棄が希望されることもあります。

　したがって、相続放棄を選択するか否かの検討においては、相続財産の内容のみならず、相続人を取り囲むさまざまな事情を把握、理解するよう努める必要があるでしょう。

熟慮期間の起算点は？

　上記のとおり、相続人は、原則として、被相続人の死亡及びそれにより自己が相続人となった事実を知った時から3か月以内に相続放棄を行う必要があります（民法915条1項）。

　もっとも、相続放棄をしなかったのが「被相続人に相続財産が全く存在しないと信じたためであり、かつ、……諸般の状況からみて当該相続人に対し相続財産の有無の調査を期待することが著しく困難な事情があつて、相続人において右のように信ずるについて相当な理由があると認められるとき」は、熟慮期間は相続財産の全部又は一部の存在を認識した時または通常これを認識し得べき時から起算すべきであるとされています（最二小判昭和59年4月27日民集38巻6号698頁〔27000017〕）。

　よって、相続開始から3か月以上が経過している場合であっても、直ちに相続放棄を選択肢から外すことなく、例外的に熟慮期間の起算点を後ろ倒しできるような事情がないかを注意深く確認することが大事です。

　なお、熟慮期間の経過が迫っており、それまでに相続放棄の判断をなし得ない場合には、熟慮期間の伸長の申立て（同項ただし書）も検討す

べきでしょう。

注意を要する法定単純承認

　相続人が、相続放棄前に、相続財産の全部又は一部の処分（ただし、保存行為及び民法602条所定の短期賃貸借契約をなすことを除く）をした場合には、単純承認をしたものとみなされ、相続放棄ができなくなります（民法921条1号）。ここにいう処分とは、財産の現状、性質を変える行為をいい、遺産の売却などの法律行為のみならず、物を壊すなどの事実上の行為も含むとされています。

　また、相続放棄をした後であっても、相続財産の全部又は一部を隠匿したり、私にこれを消費したりしたときには、相続放棄が無効となり、単純承認したものとみなされます（同条3号）。これを許せば、相続債権者の信頼に背き、損害を与えることになるからです。相続放棄の申述が受理されてその効力が確定した後であっても、同号にあたるような行為によって当該放棄が無効になることがないよう注意が必要です。

　判断に迷うのは、同条1号にいう「処分」に該当するか否かです。この点について、裁判例や通説を簡単にまとめると、以下のようになるので、参考にするとよいでしょう。

① 保存行為は「処分」に該当しない。よって、相続財産の建物の修理や債権の時効中断措置等も「処分」に該当しない。
② 短期賃貸借（民法602条）は「処分」に該当しない。よって、アパート等について更新期間3年以下で更新することは、それ自体は「処分」にあたらない。ただし、相続財産の賃貸不動産について入居者の賃料振込口座を変更したことは「処分」に該当するとした裁判例がある（東京地判平成10年4月24日判タ987号233頁〔28040220〕）ので、更新の際の手続の内容いかんで賃貸借契約を締結したことと別の理由で「処分」に該当するとされる可能性がある。

③ 葬儀費用の支出は「処分」に該当しない（大阪高決平成14年7月3日家庭裁判月報55巻1号82頁〔28080226〕）。
④ 相続人が受取人に指定された生命保険金は、相続人の固有財産なので、その受領は「処分」に該当しない。
⑤ 形見分けは、軽微な慣習上のものであれば「処分」に該当しない。ただし経済的価値の高い美術品や衣類等の形見分けは「処分」に該当し得る。
⑥ 葬儀後に相続財産の一部を仏壇や墓石の購入に充てたことは、購入費用が社会的に不相当なもの等でない場合は、明白に「処分」と断定することはできない（前掲大阪高決平成14年）。
⑦ 「処分」は事実行為でも構わない。よって、相続財産の債権の取立てや弁済の受領も「処分」に該当する。相続財産の建物に放火したり、高価な美術品を故意に壊す行為も「処分」に該当し得る。
⑧ 相続財産の株式についての株主権の行使は「処分」に該当し得る（被相続人が経営していた会社の取締役選任手続において株主権を行使したことが「処分」に該当するとされた裁判例として前掲東京地判平成10年）。
⑨ 遺産分割協議は「処分」に該当し得るが、相続債務が存在しないと誤信して協議を行った場合は、協議が錯誤無効により無効になり法定単純承認の効果が発生しない余地がある（大阪高決平成10年2月9日家庭裁判月報50巻6号89頁〔28031842〕）。
⑩ 民法921条1号本文が適用されるには、相続人が相続開始の事実を知りながら処分したか、少なくとも死亡の事実を確実に予想しながらあえて処分したことを要する（最一小判昭和42年4月27日民集21巻3号741頁〔27001085〕）。被相続人が家出をして直後に自殺し、家出の4か月後に白骨死体で発見された場合に、相続人が、家出後死体発見前に、死亡の事実を知らずに被相続人の財産を処分していた場合は単純承認とみなすことはできない。

放棄をすれば相続財産の管理は不要?

　相続放棄をした相続人は、初めから相続人とならなかったものとみなされ(民法939条)、相続人として負担していた相続財産の管理義務もこれによって消滅します(同法918条1項)。
　しかし、相続放棄がされた場合、他の相続人によって直ちに遺産の管理が開始されるとは限りません。そのため、民法は、その放棄によって相続人となった者が相続財産の管理を始めることができるまで、自己の財産におけるのと同一の注意をもって、財産の管理を継続しなければならないと規定しています(同法940条1項)。また、この場合には、委任に関する規定が準用され、報告義務(同条2項、645条)や受取物の引渡し・移転義務(同法940条2項、646条)も負うことになります。
　相続放棄が認められたからといって漫然と相続財産を放置するようなことがないよう気を付ける必要があります。

体験談1

相続放棄したのはいいけれど……
残された財産はどうしよう?

弁護士3年目　男性

個人事業と相続放棄

　個人事業を行っていた被相続人が死亡し、死亡時に多額の負債が残されていた場合、相続人が相続放棄を選択することも多いかと思います。しかし、場合によっては、それまで被相続人が営んでいた事業を整理しなければなりませんので、相続放棄をしてしまえばそれで終了というわ

けにもいきません。

　相談者は、千葉県で個人事業主としてピザ屋を経営していた被相続人の妻であり、相談者もそのピザ屋で稼働していました。被相続人は、早朝から深夜までピザ屋の業務に励んでいましたが、心筋梗塞が原因で、突然亡くなってしまいました。

　相談者は、ピザ屋の経営を引き継ぐ予定はなかったので、とりあえずピザ屋は閉店させたものの、今後どうすればよいのか悩んでいました。私が相談者から事情を聴取すると、被相続人にはみるべき資産がほとんどない一方で、ピザ屋経営のための借入金が1,000万円以上あることが判明しました。

　そのため、私が代理人となって相続放棄手続を行いました（他の法定相続人も同時期に相続放棄手続を行っています）。

どこまで指すの？　保存行為

　そこまでの手続ならば悩ましいところはありませんが、問題は、突然終了したピザ屋事業の後始末です。

　まず、緊急的に何とかしなればならないのが、小麦後、野菜など、ピザ屋テナント内の冷蔵庫にある食材です。食材は放っておくと腐ってしまいますが、むやみに処分をしてしまうと、相続財産の「処分」（民法921条1号）行為として法定単純承認事由とされてしまう可能性もありそうで、一筋縄ではいきません。

　加えて、食材の仕入れ業者から、売買代金の請求書も届いています。仕入れ業者も零細ですので、支払うべきか否か、非常に悩ましいところです。

　さらに、店内にある家具、オーブン、冷蔵ケース、冷蔵庫等の動産も何とかする必要があります。これが処分できなければテナントの賃貸借契約も解約することができません。また、そもそも、賃貸借契約の解約は処分行為ではないかという問題もあります。

私は、相続放棄後、どこまでの行為が「保存行為」（同号ただし書）として許容され、どのような行為が「処分」行為として法定単純承認事由とされてしまうのか、急いで文献等を調査して対応することとしました。

困ったときの相続財産清算人（改正前相続財産管理人）申立て

　まず、テナント内にある食材の処分については、その価値も僅かであり、遺産としての評価もほとんどできないうえ、腐敗させてしまうと別の遺産である冷蔵庫の価値を毀損させることになってしまうと考えられたことから、「保存行為」として許容されると判断しました。

　食材の仕入れ業者に対しては、被相続人ではなく、相続人の財産の中から少し捻出して支払いをしてもらい、後は事実上まけてもらうよう交渉しました。

　他方、賃貸人側から、賃貸借契約を解除すると同時に、早急に店内にある家具、オーブン、冷蔵ケース、冷蔵庫等の動産を処分し、テナントを明け渡してほしいという話がありましたが、賃貸借契約を解除することは、賃借権の「処分」行為として法定単純承認事由に該当するおそれがありました。また、上記の動産には一応財産的価値があるため、それらを売却することが「処分」ではないという理屈を立てるのは非常に困難だと思いました。これらの理由から、私は、賃貸人に対し、その要請には応えることができないと回答のうえ、テナントの明渡しを行うため、相続財産清算人選任の申立てを行いました。その際、申立書には、「早急にこれらの物品を撤去し、物件の明渡しを実現していただきたい」旨の付記をしました。

　その後、相続財産清算人が選任され、その方が素早く対応してくださったおかげで、無事に店舗の明渡しは終了しました。

　相続放棄後の財産処分が法定単純承認となるのか否かは、非常に悩ま

しい判断かと思います。弁護士が誤った助言をしてしまった場合、損害賠償責任が発生する可能性もありますので（東京地判平成28年8月24日判タ1433号211頁〔29019804〕）、非常に微妙な事例の場合には、少し時間を掛けてでも、相続財産管理人又は相続財産清算人の選任を検討すべきかもしれません。

なお、令和3年民法改正（以下、「本改正」といいます）により、相続財産管理制度は改正されています。本改正以前は「相続財産"管理人"」として、相続財産の保存を目的とするものと、清算を目的とするものの2類型が定められていましたが、このうち、保存目的の相続財産管理人は「相続財産"管理人"」（改正後民法897条の2）、本件のような清算目的の改正前相続財産管理人は「相続財産"清算人"」（同法936条及び952条）として整理されましたので、ご注意ください。

> 体験談2

嬉しい話には裏がある
〜相続放棄しなくていいの？〜

弁護士5年目　男性

嬉しいお知らせ？

とある法律相談会で法律相談を担当していたところ、4人兄弟の二男のAさんが相談に来られました。相談内容は、裁判所より通知が届いたのだが、意味がよくわからない、どのように対応すればよいのでしょうか、というものでした。

Aさんのお話や持参した通知の内容を確認すると、4年前に亡くなった父親Bさんが所有していた自宅土地建物が住宅ローンの未払いを理

由に競売にかけられたが、競落された価格が残ローン額等よりも高く、Bさんの相続人であるAさんほか3人の兄弟に競売代金剰余金（1人当たり200万円、合計800万円）が発生したとのことでした。

そこで、私は、Aさんに「安心してください。この通知は、Aさんに何らかの支払いを求めたりするものではないですよ。200万円をもらえるというものですよ」と説明しました。

私は、Aさんにとって、「美味しい」話なので、法律相談も一件落着と思いました。ただ、このまま終わってよいのかという不安が生じ、遺産分割協議の有無等についても聞いてみることにしました。

Aさんに「ところで、遺産分割協議等は行いましたか」と質問したところ、行っていないということでした。Aさんは、Bさんが亡くなったこと自体は知っていたが、Bさんやほかの兄弟と疎遠になっていたこともあり、Bさんの資産や負債のことは全く把握しておらず、Bさんと同居していた長男Cさんが事後処理をしてくれているであろうという認識でした。要は、Bさんの相続人間で、相続に関する処理は全く行われていないとのことでした。

そのため、私は、「Cさんやほかの兄弟に状況を確認してから、剰余金を受領した方がよい」とアドバイスして、法律相談を終えました。

雲行きが怪しくなってきた……

後日、Aさんから電話連絡を受けました。

Aさんが、Cさんに連絡を入れたところ、Bさんは住宅ローンとは別のD銀行から借入れを行っていたこと、Bさんの死後は連帯保証人であったCさんが、約定の金額には満たないものの、少しずつD銀行に返済を行っていたこと、D銀行への残債務は5,000万円存すること、Bさんの債務についてD銀行内でも何らの処理もされていないこと（Cさんによる債務引受け等の処理もなされていないこと）が判明したとのことです。

さらに、D銀行もCさんを通じて、競売代金剰余金の存在を把握しているとのことです。
　私は、電話で済ませられるレベルの話ではないと思い、すぐにAさんに事務所に来てもらうことにしました。

相続放棄は可能？

　上記のとおり、本件ではBさんが死亡してからすでに4年が経過しています。私は、急いで文献を調べたところ、3か月以内に相続放棄をしなかったのが、被相続人に相続財産が全く生じないと信じたためであり、かつそのように信ずるについて相当な理由があるときは、熟慮期間は相続財産の全部又は一部の存在を認識した時又は通常これを認識し得べき時から起算すべきであるという最高裁判例（最二小判昭和59年4月27日民集38巻6号698頁〔27000017〕）が存することを思い出し、Aさんのケースも相続放棄の申述ができないか、Aさんより詳しく事情聴取することとしました。
　事務所に来所したAさんに事情聴取したところ、Aさんは、Bさんやほかの兄弟とも15年近く疎遠になっており、その間連絡をとり合っていなかった、Bさんが自宅土地建物を購入したり、D銀行から借入れを行ったりしていたのは、Aさんと疎遠になった後であった、生前のBさんからも資産や負債について聞かされたことはなかったとのことでした。
　また、私がその場でCさんにも電話で確認したところ、Aさんと同内容の説明を受けました。また、Bさんには、競売された自宅土地建物しか資産は存しないとのことでした。
　そのため、私は、Aさんのケースでは、熟慮機関の起算点は、裁判所より剰余金の通知を受領した時であると考え、Aさんの代理人として相続放棄の申述を行うこととしました。

他の兄弟も相続放棄！

　Aさんの相続放棄申述を準備していたところ、Cさんを除く他の兄弟も相続放棄を行いたいとの話を受けました。他の兄弟も、Aさんと同様、Bさん、Cさんと15年近く疎遠で、Bさんの相続については何も把握していない状態でした。
　そのため、私は、Aさんを含め3人の代理人として、相続放棄の申述を行うこととなりました。

D銀行からの連絡

　私が相続放棄の申述のための準備を行っていたところ、D銀行の担当者より連絡を受けました。D銀行は、Cさんを通じて、私がAさんらの代理人として相続放棄の申述を行おうとしていることを把握したようです。
　担当者によると、D銀行は、Aさんらの競売代金剰余金の交付請求権の存在を把握したうえ、Aさんら兄弟を債務者として債権仮差押命令申立てを行おうと準備していたとのことです。
　私が相続放棄の申述を行う予定である旨伝えたところ、担当者からは、相続放棄に反対しない代わりに、裁判所に対する剰余金交付請求権をD銀行に譲渡するという手続をとれないかと告げてきました。
　私は、相続放棄の申述が受理される前に譲渡することはできない（法定単純承認となってしまう）、相続放棄の申述が受理された後においては、「相続放棄をした者による管理・相続を放棄した者による受取物の引渡し」（民法940条2項、646条）に従い、相続人であるCさんに「引き渡す」ことになるので、D銀行に剰余金交付請求権を譲渡することはできない旨告げました。
　その後、私とD銀行は、Cさんを交えて協議を行い、相続放棄の申述が受理された後、Aさんらの競売代金剰余金の交付請求権をCさん

に引き渡す、引渡しを受けたＣさんがＤ銀行に全額（本件では競売代金剰余金の全額800万円）を返済する旨の書面を作成することとなりました。

相続放棄の申述

　その後、Ａさんらの相続放棄の申述を行ったところ、家庭裁判所より特段の指摘を受けることなく、Ａさんらの申述は受理されました（ただし、裁判所や事案によっては、上申書などで熟慮期間が経過していないことの説明を求められる場合もあると思います）。

　これを受けて、私は、ＣさんとＤ銀行との間で覚書を作成し、Ａさんらの競売代金剰余金の交付請求権をＣさんに引き渡しました。Ｃさんは、競売代金剰余金の総額800万円を全てＤ銀行への返済に充てました。

　以上により、本件を無事解決することができました。

> 体験談3

遺産分割調停の成立と法定単純承認

弁護士9年目　男性

遺産分割調停と数次相続

　遺産分割調停において、調停を成立させることが、危うく法定単純承認となってしまうところだった、という事案です。
　事案の概要は、以下のとおりです。
　相続人がその兄弟姉妹A、B及びCの3人のみであったところ、遺産分割協議中にCが死去し、その子C´が相続人として加わり（いわゆる数次相続）、さらに、話合いの舞台は家事調停へと移っていました。

数次相続と相続放棄

　C´は、本件相続にあまり興味がない様子で特段の意見はなく、多忙を理由に手続への関与は積極的ではありませんでした。そこで、裁判所とA及びBは、いわゆる「調停に代わる審判」（家事事件手続法284条1項）での解決を目指すことにしました。
　その方針に従って、法定相続分での分割を軸とした条項案が作成され、家裁調査官の調査によりC´の意向確認が行われたところ、C´は、Cを被相続人とする相続について家庭裁判所に相続放棄の申述をしていること、そのため、もはや本件相続においても相続人たる資格がなくなっていることが判明しました。そこで、裁判所とA及びBは、C≒C´の相続分をAとBに割り付けて調停成立とすべく、それに向けて準備を進めました。

他方、Ｃの債権者だったという者から、Ａ及びＢに、金銭の支払いを請求する旨の書面が届きました。Ａ及びＢは、この書面を見て、Ｃを被相続人とする相続について、家庭裁判所に対する相続放棄の申述をすることにしました。

遺産分割調停の成立と法定単純承認

　全ての準備が整い、調停を成立させようという、まさにその期日において、Ａ及びＢは、裁判所に、上記書面が届いた事実を伝えつつ、このような状況下において調停を成立させてよいだろうかと相談し、協議しました。その結果、裁判所とＡ及びＢは、「Ｃ≒Ｃ´の相続分をＡとＢに割り付けて調停を成立させること」は、法定単純承認にあたってしまうだろうとの判断に至り、その期日での調停成立は見送ることとしました。

相続財産清算人の選任

　その後、Ｃを被相続人とする相続について、Ａ及びＢが家庭裁判所に相続放棄の申述をしたうえで、相続財産清算人選任の手続がとられ、そこで選任された相続財産清算人を本件調停手続に巻き込んだことにより、本件はようやく解決しました。
　なお、本件ではそれほど大きな問題とはなりませんでしたが、相続財産清算人選任の申立ての労力や経済的負担は、それほど軽視できるものではありません。特に、予納金の額は、その目安が数十万円〜100万円といわれており、その負担を誰が負うのかという問題は、場合により事案の解決に大きな障害となることでしょう。

> ワンポイントアドバイス

相続放棄申述が受理されても安心しない

　法定単純承認事由に該当するかどうか微妙なケースにおいて、相続放棄の申述が受理された場合、法定単純承認事由がないと家庭裁判所に認められたと早計する人がいます。

　しかし、①家庭裁判所の審判には既判力がないこと、②家庭裁判所の審判は当事者主義構造になっておらず民事訴訟と同様の証拠調べに馴染まないこと、③法定単純承認事由に該当するとみられる行為が錯誤等の理由で無効になり、ひいては単純承認の効果が発生しないこともあり得る等の理由から、申述の受理は基本的に公証行為であり、その実質的要件の判断にあたっては、これを一応裏付ける程度の資料があれば足り、要件の欠缺が明らかと言えない場合には申述を受理するのが家裁実務の大勢のようです（前掲大阪高決平成10年を解説した判タ985号257頁及び判タ1005号154頁参照）。家庭裁判所の審判において、単純承認事由の有無は審理しないと言い切る裁判官の論文も存在します（判タ1019号53頁）。

　よって、相続放棄の申述が受理されても、法定単純承認事由に該当しないと認められたことにはならず、債権者は相続放棄の効力を通常の民事訴訟で争うことができることになります。したがって、法定単純承認事由に該当するかどうか微妙なケースで、債権者が争ってくる可能性がある場合では、相続放棄の申述が受理されても安心してはなりません。

　逆に、このような家裁実務の大勢を踏まえれば、法定単純承認に該当するかどうか微妙なケースでも、いずれにせよ熟慮期間が経過すれば相続放棄ができなくなりますから、熟慮期間内にダメモトで相続放棄申述受理申立てを行うことも検討に値することになります。

□ 相続放棄と再転相続

(1) 再転相続とは

　ある人物（Aとします）の相続人（Bとします）が、Aに関する相続の承認も放棄もしないで熟慮期間内に死亡した場合には、Bの相続人（Cとします）が、Aの相続について放棄・承認の選択をする地位を含めて相続により承継します。これを再転相続といいます。

　この結果、Cは、AからBへの相続（第一次相続）と、BからCへの相続（第二次相続）という連続する2つの相続につき、別々に承認・放棄の相続機会が存在することになります。

(2) 再転相続におけるルール

　① 第二次相続についての選択が先行した場合

　上記の事例において、Cが、BからCへの相続について相続放棄を選択した場合、Cは、Bの相続人としての地位を失うので（民法939条）、AからBへの相続について承認・放棄をすることはできません（最三小判昭和63年6月21日家庭裁判月報41巻9号101頁〔27809351〕）。

　他方、Cが、BからCへの相続を承認した場合、Cは、AからBへの相続について承認・放棄を選択することができます。この場合、Cが、AからBへの相続について承認・放棄を選択することができる熟慮期間は、Bの相続開始を知った時ではなく、AからBへの相続について承認・放棄を選択することができる地位にあることをCが認識した時から開始します（最二小判令和元年8月9日民集73巻3号293頁〔28273242〕）。

② 第一次相続についての選択が先行した場合

Cが、AからBへの相続について承認後、BからCへの相続について相続放棄を選択した場合を考えます。この場合、CはBの相続人としての地位を失うので（同法939条）、AからBへの相続について、再転相続人として選択できる地位を初めから承継していなかったことになり、AからBへの相続についての承認は、無権利者による意思表示であることを理由に無効と評価されると考えられています。

次に、Cが、AからBへの相続について放棄後、BからCへの相続について相続放棄を選択した場合を考えます。この場合も、上記と同様に考えられそうですが、判例は、Cが再転相続人としての地位に基づいて行ったAからBへの相続時における相続放棄の効力は、その後、BからCへの相続に関して相続放棄が行われたとしても、遡って無効となることはないと判示しています（前掲昭和63年最三小判）。

これは、相続放棄による身分関係の安定性を重視した結果と考えられています。

(3) 応用事例

① 相談者の父の死亡

令和2年4月1日、相談者の父が死亡した。父死亡時点で相談者の父方の祖父は死亡していたが、父方の祖母は存命だった。父には弟が1人いるが、現在も生存している。相談者に兄弟はおらず父死亡時点で、父の資産は残高数百円の預金だけで負債はないと考えていたので、父を被相続人とする相続に関する手続は

あえて何もしなかった。

② 父方の祖母の死亡
　令和3年4月1日、父方の祖母が死亡した。父方の祖母には積極財産はあるが負債はなかったので、父の代襲相続人である相談者と父の弟の間で父方の祖母を被相続人とする遺産分割協議を行った。相談者も父の弟も一定の財産を取得した。

③ 父に係る債務の判明
　父の死亡から2年経った令和4年4月1日、相談者の父の債権者から連帯保証債務5,000万円の支払いを請求する書面が届き、相談者の父が知人の連帯保証人になっていることが判明した。相談者は、父死亡から2年経過していたが、父を被相続人とする相続について相続放棄受理申立てを行ったところ、これが受理された。
　すると、債権者が、相談者及び父の弟に対して、「相続人の被相続人を父とする相続放棄が認められたのだから、遡及的に相談者は相続人でなかったことになる。すると、父死亡時点で生存していた父の第2順位の相続人である父方の祖母が債務を相続したことになる。父方の祖母の相続については、相談者も父の弟は相続財産を取得しており単純承認をしているのだから相続放棄はできない、よって、相談者と父の弟は連帯保証債務を父方の祖母から相続するのでこれを支払え」と言ってきた。

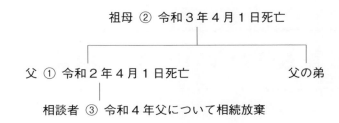

　このような場合、債権者の言い分が正しいようにも思えます。
　しかし、②祖母を被相続人とする相続と、①父を被相続人とする相続について祖母が相続放棄も承認しないまま相談者と父の弟を相続人とする二次相続、を分けて考えて、①についてのみ相続放棄することが可能です。この場合は、「(父の名前) 再転相続人 (相談者や父の弟の名前)」として相続放棄することになります。再転相続の場合、相続放棄申述を管轄する家庭裁判所は (祖母ではなく) 父の最後の住所地の家庭裁判所になります。つまり、父と祖母で最後の住所地を管轄する家庭裁判所が異なる場合は、②祖母を被相続人とする相続放棄をするか、①父の再転相続人として相続放棄をするかで管轄が異なることになります。

Method 11 | 限定承認

▶ **誰も使わない？ 限定承認**

――相続が開始すると、相続人は、3か月の熟慮期間内に、単純承認、限定承認、相続放棄のいずれかを選択することになる。その中で、相続財産の範囲内でのみ被相続人の債務等を弁済するとする限定承認は、相続人に有利なようにもみえる。しかし、実際は、実務上ほとんど使われていないのが実情であり、その理由と使うべき勘所を押さえていく必要がある。

限定承認〜実務で利用が少ないのはなぜか〜

限定承認は、相続人が相続によって得た財産の限度においてのみ被相続人の債務及び遺贈を弁済すべきことを留保して、相続の承認をするものであるため（民法922条）、一見すると相続人に有利な制度にみえますが、実際の利用は少ないです。その理由は以下のとおりです。

第1に、限定承認には、共同相続人の全員の同意が必要であり（同法923条）、相続人のうち、1人でも反対すればすることができません。

第2に、手続の複雑さです。限定承認の申述受理（同法924条）のみならず、相続財産の管理をしながら、除斥公告、換価、弁済等の清算手続を行わなければなりません（同法925〜937条）。

第3に、限定承認があった場合は、被相続人がその資産を時価で譲渡

したものとみなして譲渡所得課税がなされ（所得税法59条1項1号）、これについては準確定申告（同法125条。被相続人の死亡年の1月1日から死亡日までの所得について行う確定申告）が必要になることから、これによる思わぬ課税リスクが生じる場合があります。

限定承認の課税リスクが具体化する場合

　限定承認の課税リスクが具体化するのは、以下のような場合です。
① 実際に資産を精査したところ、資産超過であることが判明し、相続財産中の不動産や株式についてみなし譲渡所得課税が発生した分、相続財産が事実上減少してしまった場合。本来、資産超過であれば、単純承認をすればよいのですが、限定承認をした結果、みなし譲渡所得税が発生し、被相続人の債務が増えてしまうというわけです。さらに、単純承認と異なり、限定承認の場合には、居住用財産の譲渡の特別控除（租税特別措置法35条）、居住用財産の譲渡所得の軽減税率（同法31条の3）も使えなくなります。
② 被相続人の準確定申告において、限定承認にかかるみなし譲渡所得課税の申告を失念したため、相続人が、附帯（無申告加算税、延滞税等）を負担する場合（これらの附帯税は、相続人固有の債務となります（東京高判平成15年3月10日判時1861号31頁〔28092205〕）。なお、詳しくはワンポイントアドバイスを参照してください）。

　逆に、譲渡所得課税が生じる見込みがないケース（不動産や株式等が相続財産に含まれないケース等）では、限定承認の課税リスクはないことになります。このようなリスクも含め、実際に限定承認を利用するかどうかについては十分な検討が必要です。

誰も教えてくれない

弁護士3年目　男性

　私が弁護士2年目のとき、兄弁に頼まれてお手伝いした限定承認の事案を紹介します。
　依頼者が相談に来たきっかけは会社経営の行き詰まりでした。父親が代表者をしていた会社（会社といっても依頼者を含めて社員3人）を引き継いだ直後に父親が他界し、株式も全て相続することになりました。しかし、父親は積極財産よりも消極財産の方が多いのは明らかで、会社には法人税や社会保険料の滞納があるとのことでした。この話を聞いた時点では、相続放棄をして、会社を畳んでしまう方がよいのではないかと考えました。
　しかし、その依頼者及び会社は少々特殊な業界で、その会社の看板があるから仕事の依頼が来る（依頼者曰くですので真偽のほどは……）とのことで、依頼者としてはどうしても会社は残したいというのが希望でした。被相続人が債務超過で、会社も債務超過であることから、会社の株式だけを引き継ぐ方法としては、株式の価値をゼロとして限定承認するしかないであろうというのが私と兄弁との一致した考えでした。ただ、会社を引き継ぐとなると、会社の借入金や公租公課についても引き継ぐのであり、実質的には依頼者が払っていかなければなりません。また、会社の株式の評価をゼロとすることについて、債権者から異議が出てきた場合には鑑定の費用がかかることも考えられました。それらのデメリットをよくよく説明し、納得のうえで限定承認の依頼を受けるのに、2回ほど打合せの時間をとりました。結論として、デメリットを承知のうえでもお願いしたいという依頼者の意向により、限定承認を行うことになりました。
　私は当然、キャリア10年ほどの兄弁も限定承認は扱ったことがない

とのことで、手続等を私が調べて行うことになりました。しかし、さまざまな実務書を調べても、家庭裁判所から限定承認の決定書をもらうまでの手続の流れや提出書面等についてしか書かれておらず、家庭裁判所が限定承認を認めた後の相続財産による弁済等についての手続や方法について説明のあるものは皆無でした。仕方がないので、裁判所に問合せ（恥ずかしいので弁護士と名乗らずに）をしたところ、限定承認後の弁済について裁判所には「その先は弁護士さんにでも相談してください」と言われてしまいました。途方に暮れた私は、破産における配当と同様に行うしかないと考え、知れたる債権者に連絡し、官報公告も行い、債権者からの債権届を待ちました。債権者からの問合せは、ほとんどが限定承認って何？　といった質問でした。事情を説明し、状況を理解してもらい、債権届を提出してくれるようお願いしました。

　公告期間経過後、相続財産と債務の一覧表を作成し、各債権者に対する弁済額を確定させて、各債権者へ通知をしました。そこで、債権者から異議が出なければ、弁済案どおりに弁済して手続を終わらせようと思ったわけです。問題は、会社の株式の評価をゼロとしたことです。債務超過でとても価値があるとは思えない会社の株式でしたので当然にゼロだと私と兄弁は考えていたのですが、もし債権者から異議が出てきた場合には、裁判所選任の鑑定人による鑑定（民法930条2項）を行う必要があるのか、そうなったら費用も時間もかかるし……といろいろと不安があるなか、債権者からの返事を待つことにしました。結果としては、幸いなことに、債権者から特段の異議はなく、弁済案どおりの弁済額で各債権者からの了解が得られ、そのとおりの弁済を行って手続は終了しました。

　終了してみて、手続として正しかったのか、確信はもてません。また、債権者から異議が出てきた場合や債権届を認めない場合などに、訴訟までして債権額を確定しなければならないのか、債権者が他の債権者の債権額に異議を述べてきた場合はどうするのか、などなどいまだにどのような手続をとるべきなのかわからない点が多数残されたままとなってしまいましたが、とりあえず一度やってみて、よい経験になったのは間違

いありません。

　なお後日談ですが、依頼者が引き継いだ会社は、現在休眠会社となってしまっています。会社は存続し、公租公課は滞納したままでしたので、国税庁や社会保険事務所からの催促が止まることもなく、依頼者はその対応に参ってしまったようです。それと同時に、会社ではなく、依頼者個人に対して仕事の依頼が来るようになったことから、会社を維持し続けるメリットを感じなくなってきたとのことでした。だから言ったのに……と言いたくなってしまいました。

　しかし、依頼者としては、自分が引き継がなかったという負い目を負わずに済んだということで納得しているようで、今でも感謝されています。

体験談2

限定承認の落とし穴
〜みなし譲渡所得税って何？〜

弁護士5年目　女性

負債を残して被相続人が死亡

　生前、事業を営み、当該事業について連帯保証を行っていたため連帯保証債務として約7,000万円の負債がある被相続人から破産手続を行いたい旨の相談を受け、申立ての準備を進めていたところ、被相続人が体調を崩し亡くなったとの連絡が被相続人の妻からありました。その後、どのようにしたらよいかとのことでした。

被相続人の妻と高齢の母親にせめて引っ越し費用をもたせたい

　返済しきれない負債があることは明らかであるので、当初、相続放棄を検討しましたが、被相続人の共同経営者であった弟から、被相続人の自宅土地建物があるので、これを売却し、残った財産で債務の弁済を行うことができないか、との相談を受けました。すなわち、単純に相続放棄をしてしまうと相続人に財産は一切残らないが、土地建物の価値が負債よりも大きければ、相続人にわずかでも財産が残されることになるのではないか、とのことでした。現在、被相続人の自宅土地建物には、専業主婦である被相続人の妻及び高齢の母が居住しており、一切の財産を放棄してしまうと被相続人の妻と母親が路頭に迷ってしまう、とのことでした。

　そこで、自宅土地建物について不動産屋に査定を依頼すると、査定の結果、土地については約 5,500 万円との査定結果が出ました。債務額に足りません。土地を売却し、引っ越し代等の諸費用を差し引いた額から按分弁済することで、なんとか債務の減額を同意いただけないか債権者に交渉したところ、債権者は銀行、保証協会であり、裁判上の手続を行うのであればともかくそうでなければ減額には応じられないとの回答でした。

そうだ、限定承認があるじゃないか

　再度、相続放棄を検討しましたが、債権者と交渉を行っていた間に、相続人において、「引っ越し費用として 200 万円をプールして本件不動産を購入する」という業者をみつけたのでなんとか放棄を避けて売却したい、との強い希望を受けました。

　当時、弁護士 1 年目であった私にはやや荷が重い事件であったので、弁護士 5 年目の友人弁護士に共同受任してもらっていましたが、その弁

護士から「限定承認であれば相続人の希望に沿えるのではないか」との提案がありました。たしかに、限定承認であれば、相続財産の範囲で弁済すればそれ以上に相続人に負担がかかることはないのであり、不動産の売却による弁済と不動産売却価格さえ債権者に納得してもらえれば、相続人の希望を叶えることができると思われました。そこで、相続人に不動産の売却益は基本的に全て債務の弁済に充てること、すなわち、本来引っ越し費用は債権者の承認を得られない限り不動産の売却益から差し引くことはできないことなどの念を押して限定承認の手続を行いました。

限定承認に伴う譲渡所得税？

ところが、限定承認の申述受理申立をした段階で、被相続人の会社の税務を担当していた税理士から連絡があり、「限定承認の譲渡所得税についてはどうしますか」との問合せを受けました。当初何を言われているのかわからなかったのですが、「限定承認を行った場合には、相続時に被相続人から相続人に対して時価で相続財産の譲渡があったとみなされるため、相続人は相続の開始から4か月以内に、その譲渡所得について、準確定申告をしなければならない」、とのことだったのです。もっとも、さらによく調べてみると、裁判所による限定承認の申述の受理の前に、準確定申告をすることは、被相続人の租税債務の確定行為として、民法921条1号の「処分」にあたり、法定単純承認にあたるおそれがあることもわかりました。準確定申告の申告期限までは1か月を切っているのに、いまだ裁判所からは受理の通知もありません。とにかく、通知が来たら直ちに申告できる準備をしたうえで、裁判所からの通知を待ちました。幸い、裁判所の受理の通知は申告期限前に届き、ギリギリで準確定申告の申告期限に間に合いました。申告の手続等はその税理士にお願いすることとし、相続人の理解も得てなんとか事なきを得ました。限定承認の手続自体は、不動産の売却、相続人の引っ越しを終え、無事に

終了することができましたが、もし気がつかないまま申告の期限を過ぎてしまっていたとしたらと思うと、血の気の引く思いでした。

> **ワンポイントアドバイス**

これでいいの？
～限定承認と準確定申告の困難な問題～

　相続放棄の熟慮期間は、相続人が自己のために相続の開始があったことを知った時から3か月以内ですが（民法915条1項）、限定承認のために債務超過であるかどうかを調査するには当該期間では足りず、熟慮期間の伸長（同項ただし書）をすることも考えられます。

　しかし、他方で、限定承認のためのみなし譲渡所得税の準確定申告期限は、相続の開始を知った日の翌日から4か月を経過した日の前日です（所得税法125条1項）。そうすると、伸長した熟慮期間中に、先に準確定申告期限が来てしまうことも考えられます。

　あるいは、当初の熟慮期間中に限定承認の申述をしたとしても、それが裁判所で申述受理の審判がなされるまでには時間がかかります。その間に準確定申告の期限が来てしまうこともあり得ます。

　ところが、熟慮期間が伸長され、あるいは申述受理の審判が遅れていても、準確定申告の申告期限は法定期限だから、その起算点は相続の開始を知った日の翌日から動かないとするのが裁判例です（前掲平成15年東京高判）。

　そうすると、とりあえず、準確定申告だけはしなければならないようにも思えますが、さらに問題なのは、このとりあえずの準確定申告が、被相続人の租税債務の確定行為として、民法921条1号の「処分」にあたり、法定単純承認にあたるおそれがあるのです。

　結局、実際は、限定承認に時間がかかる場合に準確定申告期限が来て

しまう場合には、無申告でいて、後で無申告加算税・延滞税を払うことになると考えられますが、はたしてこれでよいのかについては疑問を感じます。
　立法政策的な配慮が望まれます。

Method 12 | 遺言の方式・遺言の中身

▶ **将来を見据えた遺言を作成せよ**

——遺言は要式行為である。弁護士が要式を欠き無効になるような遺言を作成しないよう、十分な注意が必要である。

遺言書の作成にあたっては、当該遺言に執行が必要かどうか、現実に遺言を執行し得るかを意識した内容とすることが必要である。

また、遺言者の遺言書作成から相続開始までの間に時間があることや、遺留分などの関係で、遺言者の死後、遺言書に書かれていることがそのまま実行されず、争いになる場合があることに注意して作成する必要がある。

遺言の方式を守ること

遺言は要式行為ですので（民法960条）、作成する際にはその方式に沿って作成する必要があります。弁護士が主に関与するのは、自筆証書遺言又は公正証書遺言だと思われますが、要件を欠く遺言がなされることがないよう、十分に注意する必要があります。

自筆証書遺言による場合は、遺言者が、その全文、日付及び氏名を自書し、これに印を押さなければなりません（同法968条）。いわゆる「吉日」遺言は無効です（最一小判昭和54年5月31日民集33巻4号445頁〔27000199〕）。連名で遺言書に署名押印すると無効とされること

もあります（同法975条）。自筆証書遺言の場合、弁護士自らが作成するのではなく、相談者へのアドバイスが主となりますが、それだけに、相談者が誤った遺言を作成しないよう、十分な注意が必要です。

公正証書遺言は、証人2人以上が立ち会って、遺言者が遺言の趣旨を公証人に口授して行います（同法969条）。注意すべき点は、証人の資格です。未成年者や推定相続人、受遺者やその配偶者、直系血族等利害関係のある者は証人になることができないため（同法974条）、それ以外の証人を探す必要があります。もっとも、証人のあてがない場合、公証役場に相談すると公証役場が準備してくれますので、それを利用することも考えられます。

遺言者が亡くなった場合、公正証書遺言以外の遺言は、家庭裁判所の検認が必要となります（ただし、法務局の自筆証書遺言書保管制度を利用している場合を除く）。公正証書遺言については、その有無を確認する方法として、遺言検索システムによる検索・照会手続がありますので、これを利用して確認をする必要があります。法務局の自筆証書遺言書制度が利用されている場合も、遺言書保管の有無や遺言書の閲覧等を法務局に請求できます。

なお、検認や公正証書遺言の存在を確認したとしても、それが最新の遺言書かどうかはわかりません。前の遺言が後の遺言と抵触するときは、その抵触する部分については、後の遺言で前の遺言を撤回したものとみなされることから（同法1022条、1023条）、公正証書遺言の後に、隠れた自筆証書遺言がないとも限りません。基本的なことですが、遺言書を取り扱う場合については、それが一番新しい遺言書であるかどうかについて、十分に確認する必要があります。

遺言執行を意識した遺言内容にすること

遺言書には、遺言者の全ての思いを書いても意味がなく、遺言事項と定められているものについてのみ遺言の効力があります。

遺言事項には執行を要するものと執行を要しないものがあります。

執行を要するものの中には、遺言執行者でなければ執行できない認知や推定相続人の廃除・取消し等があり、遺言執行者がいれば遺言執行者が、そうでなければ相続人自らが執行できる遺贈・信託の設定、生命保険金受取人の変更、特定の遺産を特定の相続人に「相続させる」旨の遺言等があります。執行を要しないものには相続分の指定・指定の委託、遺産分割の方法の指定・指定の委託、特別受益の持戻し免除、遺言執行者の指定・指定の委託、遺言の撤回等があります。

遺言書を作成する際には、当該事項に執行が必要か、また、遺言執行者が必要かも確認しておく必要があります。そして、必要に応じて遺言執行者の指定をしておく必要があります。

相続開始後の遺言書をめぐるトラブルをあらかじめ想定しておくこと

遺言書の作成においては、実際に相続が開始されたときに起こり得るトラブルを想定し、できる限りそれに配慮しておくことが必要です。

例えば、遺言において、ある相続人の廃除を遺言事項としたとしても、実際に廃除するためには、相応の準備が必要です。

また、遺言はその作成から相続開始までの間に時間があることから、遺言者が亡くなる前に、その遺言で相続させる旨の遺言をされた者が死亡した場合には効力がなくなるため、場合によっては、代襲相続のことも意識した内容としておいた方がよい場合もあります。

さらに、相続においては、法定相続人に遺留分がある場合もありますので、遺言で全ての遺産を特定の者に相続させるような内容を記載しても遺言書どおりの結果を得られるとは限りません。遺言者の死後、遺留分で紛争が長期化することも考えられます。

弁護士としては、これらのことについても考慮して遺言書を作成しておくとよいのではないでしょうか。

> 体験談1

廃除を知らない弁護士を排除しよう

弁護士3年目　男性

安易な受任

　弁護士になって2年目の夏。廃除事件を受任しました。「遺言に廃除を申し立てるよう書いてあるから申し立ててほしいとのご依頼であって不当なものではない。遺言に書いてある以上、申し立てるしかないだろう。」と安易に考えて、引き受けてしまいました。

「廃除」を知らない弁護士

　ところで、弁護士なら、相続人の廃除という制度をご存じでない方はいらっしゃらないでしょう。
　では、廃除の認容率をご存知でしょうか。また、廃除事由として、具体的にどんな事実がこれにあたり、どんな類型があるか、思い当たりますか。おそらく、このあたりの問いに即答できる方は少ないでしょう。当時の私も、「廃除（の実態）」を知らない弁護士でした。

廃除事件の実際

　少し調べればわかりますが、廃除事件の認容率はとても低く、その数字からして、廃除を認めさせるのは至難の業です。
　そもそも、廃除を認めてもらうには、①廃除事由として主張する事実

を認定してもらえるか、②当該事実を認定してもらえたとして、それが廃除事由に当たるのか、という2つのハードルがあります。②は法解釈の問題ですが、①は事実認定の問題です。

しかも、上記事件は、遺言による廃除の事案でした。

当然のことながら、遺言による廃除の事案でも、廃除事由の認定については、通常どおり、証拠によって立証しなければ認定してもらえません。このような場合、遺言者側の親族としては、遺言書を証拠提出しますが、遺言書に書いてあるからといって、そのことだけで直ちに書かれている事実が認定されるはずはありません。そのため、他の証拠や当事者の供述等も使って立証していくことになります。

しかし、廃除事由として主張されるのは、侮辱など家庭内の出来事も多く、このような場合、遺言書以外の他の証拠など存在しないことがほとんどです。そうすると、当事者の供述頼みになりがちなのですが、残念ながら、遺言者側で廃除事由として主張している事実を実際に体験しているであろう人物は遺言者であり、すでに亡くなっていることが多い。その一方、相手方（つまり廃除されそうになっている者）は、まだご存命のことが多い。そうすると、家事審判中の当事者質問における供述の具体性で、相手方に負けてしまうことも多いです。

このあたりの事情を踏まえると、遺言による廃除事案で、廃除事由にあたる事実を認定してもらうのは、難しいことがほとんどというべきでしょう。

実際の事件では

実際、私が受任した上記の事件も同様でした。遺言書に廃除事由として記載してある事実の存否が争われるとともに、廃除事由にあたるのか？ の2点で争いになりました。

その際には、廃除事由として主張している遺言内容が詳細なのに、その内容を裏付ける証拠がないことや、当方側の当事者が、遺言に書かれ

ていることを実際に体験していないこと等を理由に当方側の当事者の供述の信用性が否定された結果、廃除事由として主張した事実の多く（遺言内に7つの事実が、廃除事由として記載されていました）が認定されませんでした。

廃除事由として遺言書に記載されていた事実のうち、警察に被害届を提出していた暴行の事実こそ認定してもらえたものの、これだけでは、「相続人の資格を失わせ、遺留分の保護すら剥奪する廃除事由には当たらない」と判断され、結局敗訴となりました。

事件を担当している途中こそ、「遺言書作成に関わった弁護士はなんでこんな遺言書を作ったんだ」などと思っていましたが、実際に敗訴した段になると、廃除が否定され、相手に相続分や遺留分が認められてしまいます。

本件では、ほかに、相続財産中最も大事といっても過言ではない同族会社の株式を当方依頼者に相続させる遺言書があったうえ、相手方の方にも、いろいろと遺留分を減額させる事情があったため、当方の依頼者の痛手はそう大きくなかったのですが、この事件については、「もっと早い段階から敗訴の可能性が高いことを伝えてあげられれば……」と悔いが残る体験となっています。

廃除が認められたこともありますが……

以来、偶然にも3件ほど廃除事件を担当しましたが（ちなみに、私の登録年数でこの数の廃除事件を経験するのは稀なようです）、廃除が認容されたのは、相手が暴力団に入って犯罪を繰り返していたことを理由とする廃除の1件のみです（しかも、これは、遺言による廃除ではなく、生前に行った廃除でした）。

このように、遺言を使った相続対策を行う際、相続人の廃除を希望される場合もありますが、廃除の認容率は、一般的に低くなっています。また、遺言に記載されている事実が争われた場合、当該事実を認定して

もらうのには相当な困難があります。

　以上の経験を踏まえ、私は、廃除については、遺言作成の相談を受けた際にも、できる限りシンプルかつ裏がとれる内容になるよう注意しますし、個人的には、遺言による廃除ではなく、生前に廃除しておくことや廃除以外の方法で、遺留分対策等を行っておくことを勧めるようにしています。

> 体験談 2

相続させる旨の遺言と代襲相続の有無

弁護士10年目　女性

　4人の子のいる母親（すでに夫は死亡）が、自分の4人の子らの仲が悪かったので、自分の死んだ後にもめないようにと遺言書の作成の依頼にいらっしゃいました。その際、その4人の子らも遺言書の内容が気になるようで、相談に付き添ってきました。

　4人の子らも平等に相続するということであればと納得して、母親は、所有していた不動産や預貯金を各4分の1ずつ相続させるということで公正証書遺言を作成しました。

　しかし、母親が亡くなる前に子らのうちの二男が亡くなってしまい、その後、遺言は書き換えられることなく、母親が亡くなってしまいました。

　二男の子らは、被相続人より先に自分たちの父親（被相続人の子）が死亡したのであるから、被相続人の意思としては二男亡き後はその子である自分たちが代襲相続人として相続する権利があると主張しました。

　判例は、相続させるものとされていた推定相続人が遺言者より先に死亡した場合、代襲者その他の者に遺産を相続させる旨の意思を有していたとみるべき特段の事情のない限り、その効力は生じることはないとして、子らが代襲相続することを否定しています（最三小判平成23年2

月22日民集65巻2号699頁〔28170249〕)。そのため、二男の子らは代襲相続ができないことになるはずです。推定相続人が先に死亡する場合に備えて、推定相続人が先に死亡した場合は代襲相続する旨を遺言書に記載すれば代襲相続することができるので、忘れずに記載する必要があります。

　上記の判例によれば、二男に相続させるという記載は無効になり、二男の分の相続分については、二男の子らも含めて相続人全員で法定相続分で相続されるのかと考え、遺言書の文言は慎重を期さなければならないと思いました。

　ただ、その後、二男の子らは、他の相続人を相手取り遺産分割調停を申し立てたようです。その際、二男の子らは、二男以外の相続人は自己の法定相続分よりも多く相続することになるので、それは特別受益にあたり、持戻しの対象となるとの主張をしたようでした。この点については、当該調停を担当した裁判官もこの主張に同調し審判になったときには、特別受益を考慮して二男の子らも4分の1を取得することになると言っています。調停自体は不動産の評価の話などが絡み、鑑定を行うか否かというところになっています。

　当該調停のように特別受益を考慮した結論になるのか、まだわかりませんが、いずれにしても推定相続人が先に死亡したことも想定して遺言書を作成すべきでした。

【参考判例】

最三小判平成23年2月22日民集65巻2号699頁〔28170249〕

　「『相続させる』旨の遺言は、当該遺言により遺産を相続させるものとされた推定相続人が遺言者の死亡以前に死亡した場合には、当該『相続させる』旨の遺言に係る条項と遺言書の他の記載との関係、遺言書作成当時の事情及び遺言者の置かれていた状況などから、遺言者が、上記の場合には、当該推定相続人の代襲者その他の者に遺産を相続させる旨の意思を有していたとみるべき特段の事情のない限り、その効力を生じることはないと解するのが相当である」。

> 体験談3

遺言の先後

弁護士10年目　女性

　私が不動産の売却に関する依頼を受けたAには、長男Bとその妹である長女Cがいましたが、BはAより先に亡くなったため、Aの推定相続人は、亡Bの息子DらとCになります。Aはだいぶ高齢になってきましたが、まだ、1人で生活するのに支障はありません。Cは、Aの家の近くに住み、頻繁にA宅を訪ねているようでした。Cと亡Bの妻F及びDらは表面上仲良くやっていましたが、Cは自分がいないときにFやDらがA宅を訪ねることに反対しているようで、亡Bの家族は、そのことをAから聞き、不安に思っていました。

　そのAの不動産の一部の売却に私が関与することになり、司法書士に登記をお願いしていたのですが、その司法書士から急ぎの連絡が入りました。Aを訪問した際、Aから、「全ての財産をCに相続させる旨の遺言を書くようCから強要されて書かされてしまったがどうしたらいいのか」との相談を受けたとのことでした。

　Aは、自分たちの子は平等に扱いたいと考えており、亡Bの子であるDらにも本来のBの相続分の半分は渡したいと考えていました。そこで、Aに自筆証書遺言を作成してもらい、それをFに預けることにしました。自筆証書遺言であっても、遺言が新しければそちらが有効になるので、Fにはしっかりと保管しておくように伝えました。

　ただ、心配なのは、Cが近くに住んでいるために、Aが、再度、遺言書を作成するのではないかということです。こればかりはAの意思によるので、Aが亡くなったときに、Cに新たに書かされた遺言書が出てこないことを祈るのみです。

ワンポイントアドバイス

遺留分を侵害する遺言にどう対応するか

　遺言者が、法律の専門家を通じて遺言（公正証書遺言）の作成を行った場合、遺言者は、自分の死後に相続紛争が起きるとは考えていないことが多いかと思います。

　インターネットでも、「争族」を防止するために遺言書を作成しようという広告が多いですが、遺言書があれば本当に「争族」防止につながるのか、実際にはよくわかりません。

　特に問題となるのは、遺留分を侵害する可能性のある公正証書遺言です。このような公正証書遺言を作成する際に、少しでも「争族」となるのを防止するためにはどのような手当をしたらよいのでしょうか。いくつかの方法を検討してみたいと思います。

(1) 一定の財産を遺留分権利者に渡す

　遺言時に、一定の財産を遺留分権利者に譲渡する（相続分の付与、遺贈）方法が考えられます。適切に全体財産を把握できれば、まずこのような配慮をすべきかと思います。

　しかし、遺言書作成の段階で、どの程度の財産を譲渡すれば遺留分に配慮しているのかを判断することは困難な場合もあります。

　例えば、相続人Aには不動産を、相続人Bには遺留分相当額の預貯金を相続させる旨の遺言を作成したとします。遺言の内容は、これを作成した際にはBの遺留分に配慮したものだったのですが、遺言作成後に不動産の価値が上昇したり、預貯金額が目減りしたりした場合、結局遺留分を侵害した遺言となってしまう場合もあります。

　遺留分権利者に生前贈与を行い、それを遺言書に記載することも多いかと思いますが、その場合も同様の問題が発生しそうです。

　生前贈与を行う場合には、生前贈与とともに、遺留分放棄の許可申立

をしてもらうことも考えられるでしょう。

(2) 付言事項を残す、遺言による廃除を行う

遺言書に、「遺留分侵害額請求権の行使を差し控えてほしい」との付言事項を残すのはどうでしょうか。

私見ですが、この付言事項を見た遺留分権者が、遺留分侵害額請求の行使を差し控える可能性はあまり高くないように思います。むしろ、この付言事項の記載は、受贈者（受遺者）の差し金であるとして、遺留分権利者と受贈者との紛争を深刻化させる引き金となるのではないかと思います。

遺言による廃除についても、実際これが認められる可能性は低く、むしろ対立を激化させる要因になるのではないかと思います。

相続対策は慎重に

遺言を使った相続対策を行う際、相続人の廃除を希望される場合もありますが、廃除の認容率は、一般的に低くなっています。また、遺言に記載されている事実が争われた場合、当該事実を認定してもらうのに困難なことも比較的あるようです。

どのような対策をとるか、遺言内容をどうするか、といった点にも注意しながら相続対策を行うようにしましょう。

□ 自筆証書遺言書保管制度

　令和2年7月10日に運用が開始された、法務局による自筆証書遺言書保管制度。
　自筆証書遺言は、公正証書と比較して、紛失のリスクがあり、効力を生じさせるために遺言者死亡後に家庭裁判所による検認が必要というデメリットがありましたが、同制度の開始により、このデメリットをカバーできることになりました。
　弁護士としては、「自筆証書遺言を保管している相続人が、事前に被相続人から遺言内容を開示されていたことと、その内容が、相続人にとって"気に入らない"内容だったために、遺言書と異なる遺産分割協議を申し入れてくるばかりで、相手が家庭裁判所に検認しに行ってくれない。こちらは、自筆証書遺言の内容どおりの相続を希望しているのに、相手のせいで相続が終わらないのだが、何とかしてもらえないか」との相談を受けて困った経験がある方もいるのではないでしょうか（この場合、遺言書を保管していない相続人は、検認手続を申し立てることができず、また、遺言の引渡請求もしがたい。そのため、やむを得ず遺産分割調停手続により解決を求めるのですが、遺言書があり、遺言の有効性に問題がない場合には、家庭裁判所は、遺産分割調停の申立て自体を認めないこともあり、「自筆証書遺言の内容どおりに相続手続を進めてほしいが、遺言書を保管していない相続人」（及びこのような相続人から依頼を受けた弁護士）は、要望の実現のために難儀することがあります）。
　そこで、「家庭裁判所による検認が不要になる」との自筆証書遺言書保管制度によって、"相手が検認してくれなくて困る"事態の発生が防げる、と、同制度が始まったときには、筆者は喜び

ました。

　しかも、ご相談を受けた案件との関係で法務局に確認したところ、同制度では、法律等上は、法務局職員による内容の有効性確認等はしない内容になっているのですが、実は、運用上、形式面（押印の不備等）については、法務局職員が確認する運用をとってくれているようです（全法務局を確認できているわけではありませんが、少なくとも、東京法務局のうちいくつかの出張所等では、当該運用をとっていることの確認ができています（執筆日（令和6年12月）現在））。

　となると「良いことずくめか！」などと思い、自筆証書遺言書保管制度の利用を勧め、同制度による遺言書を信用したくなるところなのですが、やはり同制度にも用心が必要である点があるかもしれません。

　執筆日（令和6年12月）現在において、同制度では「ホチキスで綴じない状態でしか保管しない」との運用がとられており、そのために、遺言者が封をされた遺言書を法務局に持ち込んできた場合には、開封させて保管用のデータを作成しますし、遺言書の内容が数ページにわたる内容になっているために遺言書自体がホチキスで綴じてあったとしても、ホチキスを外させてから保管用のデータを作成する、との運用をとっているそうです。しかも、遺言書の持ち込みにあたっては、必ずしも遺言者以外の人物の同席を認めない運用はとっていないとのこと。

　このような運用のため、現在の運用では「自筆証書遺言保管制度による遺言書」が遺言者の死後に現れたとしても、「その遺言

の一部が、作成後に差し替えられたものでないこと」の証明はできません（せめてホチキスで綴じられた状態のまま、各ページのデータ作成をし、遺言書を保管してくれればいいのですが……）。

　また、遺言書保管制度で保管された遺言の原本は、基本的に返還を受けられず、相続開始前は、基本的に遺言内容を閲覧できません。そのため、書き換えたい場合には、一から書き換えるしかなく、また法務局は、保管する前にコピーをとっておくこと等を推奨しているのですが、コピーをとり忘れていた場合には、一部の修正等が、遺言書保管制度を使っていなかった場合より行いづらくなることもあります。

　どの制度にもメリット・デメリットがあり、良い点もあれば、悪い点もあるうえ、法律の規定内容と実務の運用が多少ずれることもあります。

　弁護士として法制度の利用を助言したり、検討したりする際には、自ら運用も調査してから行う癖をつけましょう。

□ エンディングノート

　近時「終活」への関心の高まりを受けて、エンディングノートが話題になっており、市販もされています。

　市販のエンディングノートを利用すれば、スマートフォンのパスワード、各種サイトのID・パスワード、銀行の暗証番号等、死後にわからなくなって困りそうな情報を記録することができて便利な面もあります。

　しかし、エンディングノートと遺言を混同している文献がある一方で、エンディングノートには法的効力はないと言い切っている文献等もあるなど、エンディングノートと遺言との関係の理解については混乱があり、弁護士としては注意が必要です。

　ここで、①全文を自署すること（ただし、添付する財産目録は印刷でも可）、②日付や氏名を自署すること、③押印すること、④財産目録が印刷のときはその各ページに署名・押印することの要件を満たせば「自筆証書遺言」としての効力が認められます（民法968条）。市販のエンディングノートを利用した場合、財産目録以外にも印刷部分があり、全文が自署されているとはいえないので自筆証書遺言の要件を満たさないものが多いと考えられます。しかし、民法に定められた遺言事項に相当する記載と日付と署名が自署されていて押印があれば、裁判所が柔軟な判断をして、自筆されている箇所について自筆証書遺言としての効力が認められる余地はあります。よって、エンディングノートの体裁をとっている場合に法的効力がないと言い切るのは危険です。

　また、遺言作成後に、遺言書の内容を補足するつもりでエンディングノートを作ったところ、遺言書とエンディングノートの記載に矛盾が生じることがあり得ます。この場合、後から作成さ

れたエンディングノートの記載の方が有利になる相続人が、最初の遺言書は撤回されておりエンディングノートが遺言として効力があると主張して紛争になることも考えられます。

　書いた本人は自分の思いを後世に伝えたいと思ってエンディングノートを作成するのでしょうが、本人は相続の時点ではこの世にはいないので、本人の意図と異なる趣旨で利用されるおそれがあります。エンディングノートについて相談を受けた場合、遺言との棲み分けに注意し、相互に矛盾を生じさせないようにすべきです。

□ お墓の「相続」? ～祭祀承継のこと～

　相続事件に取り組んでいますと、時折、亡くなった方の遺骨を引き取りたい、仏壇を引き取ってもらいたい、自分たちと一緒の墓地で永代供養したいというようなご希望の相談を受けることがあります。亡くなった方に関する系譜（家系図等）・祭具（位牌・仏壇等）、墳墓（墓石・墓碑等）は「祭祀財産」と呼ばれます。それでは、祭祀財産はどのように引き継がれるのでしょうか。

　民法897条1項本文は、「祖先の祭祀を主宰すべき者」が祭祀財産を承継する、と定めています。そして、祭祀主宰者は、被相続人の指定があれば被相続人の指定によって（同項ただし書）、指定がなければ慣習に従って（同項本文）、慣習も明らかでないときは家庭裁判所が指定することになっています（同条2項）。遺骨は祭祀財産そのものではありませんが、祭祀財産に準じて、祭祀主宰者に帰属するとされています（最三小判平成元年7月18日家庭裁判月報41巻10号128頁〔27809714〕）。

　ここで気を付けるべきことは、同条1項本文は、「前条の規定にかかわらず」としており、相続の一般的効力を定めた同法896条の適用を排除していることです。つまり、祭祀財産の承継は、相続財産の承継（相続）とは別問題とされているのです。そのため、祭祀主宰者となるのは相続人でなくてもよく、親族関係がない第三者でも構わず、複数でもよいとされています。一方で、相続人でない者が祭祀主宰者となったとしても、それにより、その者が相続人になることもありません。また、祭祀の承継者として指定された者も、祭祀をとり行う義務を負うわけではなく、承継後も、祭祀財産を自由に処分できるとされています。

　要するに、祭祀承継は相続とは別個の問題であり、祭祀財産は

相続財産を構成せず、相続財産の中に算入されませんので、相続分や遺留分、特別受益等の問題も起こりません。これは弁護士にとっては、ある意味、常識的に理解されていることと思います。
　そうであるなら、祭祀主宰者を指定することにどれだけの法的な意味があるのかという気すらしてきますが、祭祀承継の問題に直面する当事者は真剣です。当事者にとっては、相続財産の承継も、祭祀財産の承継も区別して考えにくいという実情もあります。そこで実際には、遺産分割協議の際、祭祀主宰者になること、又はならないことと引換えに、相続財産の分配割合を調節したりすることも起きてきます。
　祭祀財産の帰属について熾烈な対立がある場合、いつも悩みます。すでに述べたように、祭祀財産については相続分や遺留分、特別受益も関係がありません。また、祭祀承継者を指定する基準につき、被相続人との身分関係、生活関係、生活感情の緊密度、承継者の祭祀主宰の意思・能力、利害関係人の意見等諸般の事情を総合して判断することになっていますが（大阪高決昭和59年10月15日判タ541号235頁〔27453048〕）、つまりは、各個別のケース次第ということで、あらかじめ解決の見通しを示すことも難しいのです。時代とともに人々の位牌やお墓などへの意識も変わっていきますし、そもそも祭祀や弔いに対する考え方は人それぞれの宗教観、人生観によるところが大きく、今後ますます多様化していくでしょう。にもかかわらず、時として、相続財産以上に強い思い入れをもつ当事者もおられることから、弁護士にとって、取扱いが難しい領域の1つではないかと思います。
　上記のとおり、祭祀承継者は、被相続人の指定があれば、その

指定に従うことになります。ですので、遺言書を作るときは、相続税対策や、残された遺族の生活保障などのほかに、祭祀承継者の指定についても目配りしておいてほしいところです。そのためには、当事者においても、日頃の何気ない会話の中で、家族のあり方や自身の最期や亡くなった後の希望、遺される家族の希望などを、家族同士で話せるようになるとよいのだけれど、と思っています。

Method 13 遺言能力

▶ **遺言能力を疑え**

――**遺言能力**。誰でも聞いたことのある言葉であるはずだが、実際に遺言無効確認訴訟等で扱おうとすると、とても難しい。
　翻って、そもそも認知症を患っている依頼者でも、遺言能力を欠くとはいえず、そのような依頼者やその関係者から、遺言書の作成を依頼されることも珍しくはない。弁護士としては、後日遺言の有効性が争われる可能性があることを前提に、どのような点に注意して遺言書を作成すべきなのだろうか。

遺言能力とは？

　遺言能力。とても有名な言葉ですが、意外とその判断基準を明確にしている裁判例や文献は、あまり存在しません。
・遺言能力とは、遺言事項を具体的に決定し、その法律効果を具体的に弁識するのに必要な判断能力をいう。
・一般的に、行為能力よりは低くてもよい。
・具体的に行われた遺言との関係で遺言能力の有無が判断されており、その際、その遺言を作成する動機があったかも重要な斟酌事由とされている。
・遺言者が認知症に罹患している事例で争われることが多いが、認知症

に罹患しているからといって、遺言能力が全て否定されるわけではない。

といったあたりの大前提を押さえておいて、後は、裁判例や文献などから、遺言能力の判断基準や、その判断の際に重視されている証拠や事実関係を探っていくしかないのが実情だと思います。

遺言能力が問題となる場面は訴訟だけではない

遺言能力は、訴訟だけではなく、遺言作成の依頼を受けた際にも問題となり得ることに注意が必要です。

特に、遺言作成の依頼を受けた際には、相続紛争が顕在化する前であることも多く、遺言能力の有無への意識が弱くなるかもしれません。しかし、遺言能力が争われている事例には、遺言作成時の意思や能力の確認の甘さを理由に遺言能力を否定している例もあります。

また、遺言作成時に問題を先送りにした結果、かえって遺言無効確認訴訟等を起こされた際に不利になる例もあるように見受けられます。

遺言作成時にも、遺言能力をしっかりと確認・意識し、後日、遺言能力が争われた際の見通しを立てながら対策を打っておきます。

紛争予防にも携わる弁護士としては、当然の態度・心構えですが、あらためてその必要性を認識しておくべきでしょう。

> 体験談1

カルテは信用ならない！？

弁護士5年目　男性

はじめての遺言無効事件

　弁護士になって2年目に差し掛かる頃、遺言無効で訴えられているとのご相談を受けました。
　相談者によると、相談者の父が作成した「遺言者の子である依頼者へ全財産を相続させる」と書かれた公正証書遺言につき、父が生前、認知症に罹患していたことを理由に、認知症との診断が書かれているカルテが証拠提出される形で、遺言無効を主張されているとのことでした。
　実際、証拠提出されたカルテを見ると、遺言作成前の時点で認知症の診断がなされており、長谷川式簡易知能評価スケールでも相当低い点数（認知症の程度は「やや高度」と判断される点数）が出ていました。
　認知症の場合、たしかに遺言能力が否定されやすいです。
　しかし、そもそも、認知症などがなければ遺言能力は争われないでしょうし、「遺言無効を認めさせるのは難しい」ことは、知識として知っていました。
　「どこかに突破口があるはず」
　そう思った私は、本件を受任することとしました。

カルテ依存厳禁

　まずは、相手がどんな証拠を提出しているか、ざっと見ました。
　その後調べた結果も踏まえながらお話ししますと、この時点で、相手

がカルテしか証拠提出していなければ「やりようがあるかもしれない」という視点を一度はもってよいように思います。

というのも、この"カルテ頼み"ともいえる立証は、認知症事例では、基本的に好ましくないためです。

認知症の特性

先ほども述べたとおり、たしかに、認知症の方だと、遺言能力は否定されやすいです。

しかし、遺言能力とは、ごく簡単にいうと、遺言の内容と効果を判断できる能力であり、また、認知症の中には、決して忘れてはならない"まだら認知（まだらボケ）"といわれる特性をもつタイプがあります。

この"まだら認知"を発症するタイプの場合、認知症の方でも、毎日、いつでも判断能力が低下しているのではなく、その症状は、日によって（時によって）変化します。調子が悪い時もあれば、よい時もあるのです。

調子がよい時に作ったのであれば、認知症の方でも、遺言内容を判断できていたかもしれません。

遺言内容が簡単な内容なら、なおさらでしょう。

なお、この「"まだら認知"を発症するタイプの場合」というのも1つのポイントです。認知症には、アルツハイマー型認知症等"まだら認知"を発症しないタイプもあります。ご注意ください。

証拠を分析してみる

遺言能力に関する紛争を扱う際は、上記の点等を踏まえ、各証拠の特性を考える必要があります。

例えば、カルテは、医者が診断した時に作られます。

では、医者は、いつ診断しますか。患者の調子が悪い時でしょうか、それとも、良い時でしょうか。
　また、医者は、どのくらいの時間、患者をみて、カルテを作成するのでしょうか。長期間でしょうか、短時間でしょうか。
　こういった具合に、各証拠を分析していきます。

光が見えてきた瞬間

　人が、誰かを医者に連れていくのは、その方の調子が悪い時ですよね。
　また、カルテは、診察をしている短時間で作られますよね。
　このことを、例えば、"まだら認知"とあわせて考えると、「カルテを重視しすべきでない」とすら思えませんか。
　実際、遺言能力が争われている裁判例では、カルテも当然証拠提出され、証拠として扱われますし、軽視されてはいませんが、必ずしもそれだけで勝敗が決しているとは言い切れないと思います。
　むしろ、カルテよりも、長期間観察している過程が書かれている看護日誌や、入院していないときの様子が書かれているホームヘルパー等の介護日誌や家族へ宛てた業務上の日報、家族の日記なども証拠として提出され、重視されているように見受けられました。
　また、遺言内容も重視されていると感じました。
　遺言内容が簡単か、遺言内容は遺言者の生前の意思と合致しているかが重視されているといった具合です。

段ボール箱との格闘

　遺言内容が簡単なら、認知症の方でも内容を理解しながら書けるかもしれない。遺言内容が、生前の意思に合致しているなら、遺言者が自発的に内容を理解しながら書いた可能性が高そうだ。

このような具合で、判断されるのではないだろうか。
　文献や裁判例を参考に上記のような推測を立てた私は、病院や依頼者等から看護日誌を取り寄せ、また、介護日誌の取り寄せも試み（介護施設からは提出を拒否され、依頼者は、とっくの昔に介護日誌を燃やしてしまっていました……）、家族の日記の取り寄せを手配しました。
　これらの証拠を取り寄せる際、依頼者だけでは探しきれないと言われ、依頼者宅に行って遺品を依頼者と一緒にひっくり返すなどした結果、本人の日記を含めて、段ボール3箱分ほどの日誌などがみつかりました。
　すると、看護日誌には、遺言作成後2か月の間に、「ちゃんと会話ができている。依頼者の話をよくしていた。その際、依頼者を褒めたり、依頼者には感謝しているなどと話したりしていた」等と書かれており、また、遺言書作成の前後1か月程度の本人の日記にも、依頼者を褒め、依頼者には感謝しているなどという言葉が何度も、幾日にもわたって書かれていました。
　今回の遺言は、全財産を1人に相続させるという単純なものだし、ほかの証拠からすると、遺言内容は遺言者の生前の意思にも沿っていそうだ。
　こう考えた私は、上記看護日誌や本人の日記などを証拠提出しつつ、遺言者がいかに依頼者を愛していたかを、生前の遺言者の写真なども使いながら主張立証したところ、無事、遺言が有効だと認めてもらうことができました。
　以上が、私の初めての遺言無効事件の経験です。
　カルテという専門家が作った書類の証拠価値は高いものと判断してしまいがちですが、「（事件によっては）重視しすぎてはいけない」。
　そう実感できた、とても貴重な経験でした。

> 体験談2

危険な遺言、作っていませんか？

弁護士12年目　男性

遺言作成は簡単？

　皆さん、遺言作成を依頼された際、何を気にしていますか。
　内容や形式面ばかり気にしていませんか。
　通常、遺言作成では、内容や形式面の有効性を気にしていれば事足りますが、遺言作成者が認知症に罹患している場合には、注意が必要で、とても慎重な判断が求められます。
　認知症でも、遺言能力が認められる場合もあれば、認められない場合もあります。
　このような場合、弁護士として、どうすべきかはとても悩ましいものです。

内容に気をつける

　このような場合、私は、遺言能力が否定された裁判例を見ながら、"危険な遺言"を作らないよう気をつけています。
　まずは、相談時に、遺言能力が否定される可能性が相当程度あることを丁寧に伝えます（この結果、遺言作成自体をあきらめられることも比較的あります。その際、ひどく落ち込まれる相談者もおり、心が痛みますが、後日紛争の種となりかねない遺言を作るよりはよかったと思うようにしています）。
　そのうえで、遺言者としっかり話をし、カルテの内容や診断書の内容

も踏まえたうえで、私と話が通じるか、遺言内容を理解しているかを、まずは私自身が判断します。
　この時点で、私自身が「この遺言者なら大丈夫」と確信がもてない場合、その旨を相談者や遺言者に伝え、遺言書作成のご依頼はお断りするのはもちろんです。
　この過程を経て、遺言を作ってもよいと確信がもてた後は、遺言能力の有無を判断している裁判例の内容を踏まえながら、遺言能力ありと判断してもらえそうな証拠作成を心がけつつ、遺言書の作成に臨みます。
　例えば、遺言内容の複雑さを理由に遺言能力を否定している例があるため、遺言内容を簡単なものにすることを試みます。依頼者からは、あれもこれも書いておいてほしいとおっしゃられることも多いのですが、言われるがままに書くのは危険です。認知症がある方等の場合、遺言が長くなり、複雑になるほど遺言が無効になりやすいことを説明し、ご理解を得たうえで、できるだけ短くシンプルなものを作成しましょう。
　なお、遺言による廃除を希望されたら、そもそも廃除の認容率が低いことを説明し、遺言による廃除ではなく、生前に廃除することを勧めたりもします。
　遺言能力を争われるような契機をもっている方が、廃除という難しいことの意味や効果・関係者への影響を理解するというのは難しく、後日、遺言能力が否定されやすいように思えるうえ、廃除対象行為の有無が争われた際、片方（廃除対象者）は存命なのに、遺言者が死亡しているのでは、尋問等の際、遺言者側の相続人が生の事実を話せず、供述の具体性に欠けて事実を認めてもらえないおそれもあると考えるためです。
　生前に廃除しようとすると、争いが顕在化してしまうので遺言で廃除したい——このような考えをおもちの方が多いのですが、遺言で廃除しようとすると、せっかく争いが起きないように遺言を作ろうとしているのに、結局、廃除の有効性をめぐって争いが起こることも多い。このあたりの事情を丁寧に説明し、何を希望するか、選んでいただきます。
　また、夫婦2人で同時に遺言を作りたいというご相談の場合も、注意が必要です。

夫婦の片方（又はそれ以外の誰か）に迎合しているだけでないか。特徴的な内容・文言が2人で全く同じ内容になっていないか。これらに気をつけ、その認知症の方が、本当に自分の意思で遺言作成をされているかを判断し、自分の意思で作成された遺言となるようにしましょう。

方法に気をつける

また、方法にも気をつけます。

まれに、公正証書遺言なら大丈夫だと軽信している方がいますが、そのようなことはありません。公正証書遺言でも、遺言能力を否定した例が多くあります。

また、裁判例には、認知症の方が自筆証書遺言を作成していたが、その際、弁護士が用意した遺言書を書き写していただけだった、という事例につき、遺言能力を否定したものがあります。

そのため、認知症の方には、できるだけ遺言書の例を見せないで遺言書を書いていただくよう取り計らいますし、遺言書を作成している様子をビデオで撮影し、作成過程に問題がないことを証拠化します（ここで問題があるようであれば、ここでも依頼を断ります）。

公正証書遺言作成時の注意点

公正証書遺言を作成する際にも、裁判例の内容を踏まえて対応します。

公正証書遺言でも遺言能力を否定した裁判例では、そのような内容の遺言をする動機がなかったことや、医師や公証人が遺言者の意思能力の有無について気をつけながら検査した様子が明らかでないこと、公証人が、遺言者の口授を受けず、弁護士が作成し事前送信していた遺言書案に基づき清書したものを使って、その内容や作成経緯を遺言者に確認せずに作成したこと、公証人が、弁護士から、遺言者が認知症であること

を聞かされないまま遺言書を作成したことなどが、遺言能力を否定する理由として挙げられています。

　そこで、公証人には、遺言書が認知症に罹患していることを伝え（その前提として、カルテや診断書を取り寄せ・取得したりもします）、慎重に遺言書を作成してほしいことや、遺言者の意思能力を判断した証拠を残してほしいことなどを、よくよく伝えたうえで、遺言を作ってもらっています。

その他の対策

　これら以外にも、遺言者の判断能力を基礎づける事実関係に関する詳細な記録を残すため、遺言作成日当日に、その日の天気や日付等に関する質問をし、その際、ちゃんと質問に答えられる様子をビデオで撮影しておくなどしています（これは、遺言作成時の様子を撮影できない公正証書遺言を作成する際などに行います）。

　いずれにせよ、私が作成した遺言について遺言能力を争われたことはないため、これらのことがどこまで効果をもつのか明言はできないのですが、裁判例をしっかり読みながら、自分自身が遺言能力ありと確信がもてる状況でのみ、遺言作成をしようと心がけています。

遺言執行者について

　なお、これらとは別の観点からの注意点ですが、遺言執行者に関する条項を設けるか否かは、慎重に検討しましょう。

　遺言執行者しかできない内容が遺言内容に含まれている場合は仕方ないのですが、そうでない場合は要注意。後日、相続人から「この弁護士は、遺言執行者としての報酬目当てでこの遺言を作成させた」などと疑われたりして、紛争等が生じることもあります。

最後に

　いずれにせよ、遺言は、将来（場合によっては数十年先）を予測しながら作成すること。これが大事な要点の１つですが、経験が浅いうちは、これがどうしても難しいです。
　遺言書作成のご依頼を受けるときは、若い時のミスや力不足を将来の自分が後悔することのないよう心がけましょう。

体験談 3

あきらめないで、遺言無効

弁護士6年目　男性

前例がない

　「遺言を無効にしてほしいんですが、公正証書遺言だから無理でしょうか」
　このようなことをおっしゃる相談者は多くいらっしゃいます。
　これに対し、「公正証書でも無効になることはありますよ」と、まずは答え、その後は、前例や文献を調べて、実際にどうなのか、と検討していくと思います。私もそうでした。というか、毎回そうです。
　そこで判例検索ソフトや文献を見ながら、前例を調べ出します。
　しかし、いくら調べても、明らかに無効にされそうな事案だと思えるのに、似たケースで遺言を無効にしている前例が出てこない……このようなとき、弱気になったり、あきらめそうになったりしたことはありませんか。しかし、それではいけません。

前例を頼るな

「遺言無効は難しい。だからしっかりと前例を調べて、見通しを伝えよう」

このように考えることも大事です。

しかし、明らかに無効にされそうなのに似た前例が出てこない。こういう場合、その理由を考えてみましょう。

前例が文献などに出るのは、どのような場合でしょうか。

当然のことですが、前提として、判決が下されている場合ですよね。では、判決が下されるのは、どのような場合でしょうか。

そう、和解等で終わらなかった場合です。

この段階でお気づきの方もいらっしゃるでしょうが、前例が出るのは、当事者が和解できない場合。では、当事者が和解できない場合は、どういう場合・事件か……こう考えていくと、当事者が和解できない場合のなかに「結論がどちらになるか読めない場合」があることに気づかれるかと思います。

そのため、明らかに遺言が無効であるケースでは、判決にまで至っていない可能性があります。

通常の契約紛争等なら、明らかに遺言が無効になるような場合、つまり、原告が明らかに勝訴する場合でも、判決による解決になることが多いですよね。

しかし、実は、遺言無効確認訴訟では、明らかに遺言が無効になる場合には、判決による解決としづらい面があります。

それは、遺言無効確認訴訟では、勝訴判決（遺言を無効とする判決）が出ても、紛争は解決しないからです。

勝訴判決が出ると、遺言が無効になる。だから、遺産分割をしなければいけなくなる。これだけです。

そして、遺産分割協議等は、紛争化してしまっていると、解決までに数年かかることが多い。これは、裁判官や弁護士であれば、百も承知のはずです。

そのため、明らかに遺言が無効になる、つまり、原告が明らかに勝訴するような事件では、他の類型よりも裁判官が和解による解決を強く進めてくる傾向があります。

　このような理由から、遺言無効が争いとなる紛争では、明らかに遺言が無効になる場合は、他の紛争類型よりも、判決にまで至らない性質があり、そのような事案に関する前例が出されにくいです。

　そのため、明らかに無効になると思われる事例ほど、前例をいくら調べても前例がみつからない傾向があります。

　これらの理由から、明らかに遺言が無効になると思える場合には、前例を頼っても、結論は見えてこないことも多いのです。

相談者を勇気づけろ

　「前例を調べて結論を見通そうとするな。まずは自分の頭で考えなさい」

　弁護士になったばかりの頃、代表や先輩弁護士から（何度も）指導された内容が、とてもよく当てはまります。

　このような傾向が遺言無効確認紛争にはあると、私は感じています。

　前例による裏付けがないと、（経験が浅いうちは特に）その見通しを相談者に伝えるのが怖い。この気持ちは、弁護士であれば誰しももつように思います。

　しかし、弁護士である以上、やはり前例を頼りすぎてはいけない。前例がないなかで無駄に強気になってもいけないが、無駄に弱気になってもいけません。

　当然のことですが、公正証書遺言に関する遺言無効確認紛争であろうが、結論はケースバイケース、個々の事情によって決まります。

　明らかに遺言が無効になると思えるのに、そう判断している前例がみつからないときは、あらためてこの点を認識し、遺言無効の難しさや公正証書遺言だからとの理由等で弱気になり、遺言無効確認訴訟の提訴すらもあきらめてしまうこともある相談者を勇気づけられるようにしま

しょう。

ワンポイントアドバイス

遺言無効における注意事項
長谷川式簡易知能評価スケール

　遺言無効が争われる場合、依頼者も大きな利害関係をもち、必死に周辺知識を調べてくることが多いです。弁護士として、法律以外の分野についても、ある程度の知識をもっておくべきでしょう。
　特に、長谷川式簡易知能評価スケールは、対象者の是非弁別能力を判断する際によく使われます。見方や点数がもつ意味をよく認識しておきましょう（たまに「点数が高いと認知症の程度が高い」といった誤った理解をしている方も見受けられます。ご注意ください）。

文献や裁判例をよく見てみましょう

　どのような遺言を作ったら安全かについては、決して断言できないところだと思いますが、過去の裁判例には、遺言能力の判断過程が詳細に書かれているものが多いうえ、これらをまとめた文献も多くあります。
　自分が作成に関与した遺言について遺言能力が争われることのないような遺言作成・業務遂行を心がけましょう。
　このように裁判例を調べることは重要ですが、体験談3にあるように、遺言無効紛争を受任するか否か、遺言無効確認訴訟を提訴するか否かの場面では、前例を頼りすぎないことも大事です。何事も使いよう。気をつけましょう。

Method 14 | 遺言と遺産分割

▶ 遺言書があっても遺産分割はできます

――相続人のためによかれとなされた遺言が、かえって相続人との間で「争族」の原因となるのは問題である。「子の心親知らず」の遺言について、残された相続人はどのように対応すべきなのだろうか。

　遺言は、被相続人が、自らの財産をどのように承継させるかについて、最終の意思を表示するものであり、その意思が尊重されるのは当然である。しかし、その最終の意思が、かえって、財産を承継する側の相続人にとって不都合なこともままある。そこで、共同相続人が、有効な遺言の内容と異なる遺産分割をすることができるかが問題となる。

原則は……

　民法908条により、相続開始後5年以内の遺産分割を禁ずる遺言がなされた場合を除き、共同相続人は、遺言書が存在する場合でも、いつでも、その協議で、遺産の分割をすることができます（同法907条1項）。
　つまり、共同相続人は、遺言の内容に拘束されず、共同相続人全員の同意があれば、遺言の内容と異なる遺産分割をすることができます。

遺言執行者がいる場合は……

　遺言執行者がいる場合も、同様と解されています。確かに、遺言執行者がいる場合、民法1013条1項により、相続人は、相続財産の処分その他遺言の執行を妨げるべき行為をすることができないとされていますが、相続人全員の合意があるときにまで被相続人の意思に劣後すると解する理由は見いだしがたく、実務上は、遺産分割の調停に遺言執行者を利害関係人として参加させて、その同意又は承認を得たうえで、遺産分割の調停を成立させているようです（泉久雄＝小川景士＝鈴木重光＝大坪芳太郎＝吉田欣子＝関口文吉＝青山達＝飯田昭＝栗原平八郎「〈座談会〉遺言制度の現状と問題点」ケース研究（4）（162）日本調停協会連合会（1977年）55頁）。また、ホームページ上で、相続人全員の同意があれば遺言書と異なる分割が可能だと明記している家庭裁判所もあります。

「相続させる」旨の遺言（特定財産承継遺言）の場合

　それでは、特定の相続人に対し、「相続させる」旨の遺言がなされていたときにも、同じように考えることはできるでしょうか。
　この点、「相続させる」旨の遺言が、遺産分割方法の指定（民法908条）を定めたにとどまると考えれば、当該指定によって当然に遺産分割の効果が発生するわけではなく、あらためて遺産分割手続を行わなければならず、それゆえ、分割方法の指定があっても、共同相続人の協議によって、指定と異なる分割をすることは可能とされています。
　平成30年民法改正前の判例（最二小判平成3年4月19日民集45巻4号477頁〔27808492〕）は、当該遺言により、「当該遺言において相続による承継を当該相続人の受諾の意思表示にかからせたなどの特段の事情のない限り、何らの行為を要せずして、被相続人の死亡の時（遺言の効力の生じた時）に直ちに当該遺産が当該相続人に相続により承継され

る」ので、「当該遺産については、右の協議又は審判を経る余地はない」と判示し、当該遺産は遺産分割の対象となる遺産ではなくなるとしていました。

なお、改正後は、遺言の有無及び内容を知り得ない相続債権者・債務者等の利益を害したり、登記制度や強制執行制度の信頼を害するおそれがあることから、相続させる旨の遺言等により承継された財産の、法定相続分を超える部分の承継については、登記等の対抗要件を備えなければ第三者に対抗することができないこととなりました。

遺言によって取得した遺産を、相続人間で贈与したり、交換的に贈与したりすることは可能です。当該遺産が不動産の場合、遺言に従った登記手続を経た後で、相続人間の協議内容に従った登記手続をすることになります。

遺産分割と税金

「相続させる」旨の遺言ではない場合、共同相続人は、遺言と異なる内容の遺産分割をすることができます。例えば、特定の相続人に全部の遺産を与える旨の遺言書があって、相続人全員で遺言書の内容と異なった遺産分割をしたときは、受遺者である相続人が遺贈を事実上放棄し、共同相続人間で遺産分割が行われたとみられるため、原則として贈与税は課されません（国税庁タックスアンサー No.4176。質疑応答事例「遺言書の内容と異なる遺産分割をした場合の相続税と贈与税」)。

「相続させる」旨の遺言の場合、当該遺産については、遺言の内容と異なる遺産分割はできず、相続人間で、あらためて協議により、贈与したり交換したりすることになります。この場合の課税関係については、国税庁のタックスアンサーでも明確な見解は出ておらず、贈与税が課される可能性もありますので、協議に際しては、事前に、税理士に相談した方がよいでしょう。

> 体験談 1

遺言書を金科玉条とすべからず

弁護士 9 年目　男性

簡単な話だと思ったが

　私の経験は、それほど突飛な話ではなく、むしろ、「よくある」話だと思います。ただ、「よくある」話であるだけに、どの弁護士にとっても遭遇する可能性が高く、役に立つのではないかと考えましたので、紹介いたします。

　被相続人である相談者の母親の主な相続財産は、自宅の土地・建物のほかは、預貯金と貸金庫内の保管物のみという、シンプルなものでした。相談の内容は、父親はすでに亡くなっているので、子どもたち3人（Aさん、Bさん、Cさん）に、平等に財産を分けたいという、これもまたシンプルなものでした。

　子どもたちに平等に財産を分けるには、自宅の土地・建物を売却して、売却代金を3等分するのが一番簡単です。子どもたちも了承し、そのような内容の公正証書遺言を作り、母親が亡くなったら、私が遺言執行者として、自宅の土地・建物の売却をとり行うことになりました。

相続が始まったが

　数年後、Aさんから、母親（被相続人）が亡くなったとの連絡がありました。そこで、母親の財産を管理していたAさんから、母親の貯金通帳、キャッシュカード、不動産登記簿、火災保険証、母親宛に届いていた公的機関からの手紙類等を預かるとともに、各金融機関に連絡し

て、預金を凍結しました。金融機関に連絡する際には、対象口座が記載してある公正証書遺言のコピーを添えて送れば、話がスムーズに進むと思います。また、貸金庫がある場合には、遺言執行者の権限として、貸金庫の開披権限についても、忘れずに記載しておきましょう。

さて、そうやって、相続財産の調査を進めていくうちに、Cさんから連絡がありました。話を聞いてみると、自分は、母親の自宅に移り住みたいというではありませんか。

結局、どうするか

Cさんの希望は、母親の遺言書の内容とは異なりますが、少なくとも、遺言執行者がいない場合は、相続人・受遺者全員の合意により、遺言の内容と異なる遺産分割協議を行うことは許されると解されています。

それでは、遺言執行者がいる場合も、遺言の内容と異なる遺産分割協議を行うことができるのでしょうか。このような問題が出てくるのは、「"遺言執行者"がある場合には、相続人は、相続財産の処分その他遺言の執行を妨げるべき行為をすることができない」（民法1013条1項）と明記されているからです。

この点、遺言者の意思を強調すれば、不可能というべきなのでしょうが、他方で、遺言による取得分を、相続人間で贈与したり、交換的に贈与したりする合意は、私的自治の原則に照らして有効であるとされており（東京地判平成13年6月28日判タ1086号279頁〔28071059〕）、それならば、初めから、遺言の内容と異なる遺産分割協議を認めてもよいように思われます。

最終的には、「子どもたち3人に、平等に財産を分けたい」という母親の希望がかなえられるなら、財産の分け方については遺言の内容と違ってもよいであろうと判断し、Cさんは預金を取得しない条件で自宅を取得するという協議内容で、各相続人に打診しました。AさんとBさんは、最初は自宅を早く売却するよう求めていましたが、Cさんが自

宅に移り住めば、相続財産評価上小規模宅地の評価減の特例が使えて、相続税の発生を確実に抑えられる等のメリットをお話しして、最終的に相続人全員の合意を得ることができました。

なお、実務上は、遺産分割の調停の場合は、遺言執行者が利害関係人として参加し、その同意又は承認を得て、遺産分割の調停を成立させているようです。本件でも、後日、遺言の内容と違う結果になったことについて責任を追及されないように、私と相続人3人との間で、相続人たちの希望により遺言の内容と異なる遺産分割を行う旨の合意書を作成し、締結しておきました。

結果よければ全てよし

以上、最終的には、Cさんが自宅の土地建物を取得し、預金の配分も無事に終わり、業務終了と相成りました。AさんとBさんは当初の予定よりも多くのお金をもらえ、Cさんは住処を確保でき、相続税は抑えられたので、結果オーライと言ったところでしょう。

本件は、遺言の内容が簡単だったので、比較的スムーズに進みましたが、遺言の内容と異なる希望が出てきたからといって、むやみにこれを排除するのではなく、一旦は立ち止まって検討してみることが大切であると実感しました。

> 体験談2

無責任な公正証書遺言と遺産分割のやり直し

弁護士12年目　男性

無責任な信託銀行関与の公正証書遺言

　事案は、配偶者Y、長男A、二男Bを相続人とする被相続人Xの公正証書遺言の話です。Xは東京に自宅がありますが、身体を壊してからは、A及びBが住む他県の施設に転居療養しており、Xの通帳等の金銭管理はBが行い、自宅はYが単独で居住していました。

　Xは、相続関連事務についてあらかじめZ信託銀行に委託しており、万が一に備え、Zを通じ公正証書遺言を作成し、同遺言では、Zが遺言執行者に就任するとされていました。

　問題が生じたのは、Xが亡くなった後のことです。

　第1に、問題の公正証書は、Zにアドバイスを受けながら作成されたにもかかわらず、自宅の所有権を、現に居住するYではなく、他県に住む長男Aに相続させるとするものでした。その結果、遺言のとおりに相続すると、相続税法上の配偶者控除の制度及び小規模宅地の評価額の特例を活用することができず、多額の相続税が発生することが判明したのです。

　第2に、BがXの通帳を開示しないことからAが取引履歴を取り寄せたところ、Xの通帳から、多額の使途不明金が引き出されていることがわかったのです。

　この多額の相続税と、使途不明金のことを解決すべく、YとAが私の所に相談に来ました。

　少なくとも、遺言執行者がいない場合は、相続人・受遺者全員の合意

により、遺言の内容と異なる遺産分割協議を行うことは許されると解されています。そこで、私は、早々に遺産分割調停を申し立て、そのなかで、解決を図ることにしました。

遺産分割調停にて

　まず、遺言執行者については、Zが務めることになっていましたが、Zは、（信託銀行にありがちなことですが）本件が裁判案件となるや否や、自ら辞任を通知してきましたので、問題は生じませんでした。
　次に、使途不明金ですが、通帳の摘要欄の記載から、当該金員が、Bの最寄りの金融機関やコンビニのATMから、多数回引き出されていたことが判明しました。いずれにせよ相続税申告時には、この使途不明金について明確にしなければならず、場合によっては国税による調査もあり得るため、その旨をBに示唆したところ、B名義の貸金庫にてBが預かっていることが判明しました。
　また、相続税については、税法上の特例等を活用した場合と、そうではない場合についてシミュレーションをしたうえで、Bに丁寧に説明し、Y、Aのみならず、Bにも多額の相続税が発生することを理解してもらいました。
　実際には、AとBとの間に、かなり感情的な軋轢が生じていた事案でしたが、もっとも財産的な価値のある自宅をAがYに譲ったことと、もともとBはYには悪感情をもっていなかったため、なんとか遺産分割調停を成立させることができました。

相続税の申告期限が勝負の分かれ目

　ただし、ここまで話が進んだのは、死亡から10か月という相続税申告期限という縛りがあったからこそだと思います。当初、Bは、私の相

続税のシミュレーション自体を疑い信じようとしませんでしたが、刻々と迫る相続税の申告期限にBも妥協せざるを得なくなり、自ら税理士を雇い、当方のシミュレーションを検証し、ようやく調停が成立したのは、申告期限の2週間前でした。書記官に協力してもらい、申告期限ギリギリで送達が間に合い、無事申告をすることができました。

結果として、私が手がけた遺産分割事件で最も困難で、かつ、最もスピーディーな事件でしたが、時間がないなかでも、依頼者だけでなく相手方に対しても丁寧に説明したことが、調停成立の鍵となったものと考えています。

ワンポイントアドバイス

「相続させる」旨の遺言に気をつける

解説と体験談をまとめると、以下のとおりとなります。

(1) 「相続させる」旨の文言がある場合

当該遺産を対象とする遺産分割は不可。

受遺者との協議により、贈与、交換等の方法で当該遺産を取得することは可能。相続税課税の可能性あり。

(2) 「相続させる」旨の文言がない場合

遺産分割は可能。

遺言執行者がいる場合は、遺言執行者の同意を要求するのが実務の一般的な傾向。贈与税は、原則として課されない。

遺言書の文言の表現によって、各共同相続人の対処方法に違いが出てきますので注意してください。

Method 15 遺言執行

▶ **遺言執行は誰のため？**

——遺言執行は、遺言の内容を実現する重要な手続でありながら、民法上、限られた条文があるのみで、弁護士にとって、どのような執行方法がはたして適切なのか、判例を参考にしながら模索しつつ迅速に対応しなければならないという極めて難しい仕事の1つであり、平成30年民法改正があった分野でもある。

今回の改正は、近年、遺言の件数が増加しているなかで、遺言を円滑に執行し、相続に関する紛争をできる限り防止するために重要となる遺言執行者の役割に鑑み、その権限の内容をめぐる紛争の防止、円滑な遺言執行を促進する観点から、遺言執行をめぐる規律の明確化を図り、相続させる旨の遺言等がされた場合の遺言執行者の具体的な権限内容等について新たな規律が設けられたものである。

そこで、改正点を中心に、あらためて遺言執行制度について確認していくこととしよう。

遺言執行者の地位

遺言執行者は、遺言が効力を生じた後に、遺言の内容を実現することをその職務とします。そのため、平成30年改正後の民法1012条1項は、遺言執行者の職務は遺言の内容を実現することにあることを明示したう

えで、相続財産の管理その他遺言の執行に必要な一切の行為をする権利義務を有するものとしました。また、遺言執行者がある場合には、相続財産の処分その他遺言の執行を妨げるべき行為をすることができない（同法1013条1項）とされています。

　このような遺言執行者の地位及び権限からすれば、遺言執行者は、特定の相続人ないし受遺者の立場に偏ることなく、中立公平な立場でその任務を遂行することが期待されます。まずは、この遺言執行者の基本的立場を意識することが大事です。

遺言執行者の職務・義務

　遺言執行者は、その就職を承諾したときは、直ちにその任務を開始しなければならないとされていました（民法1007条1項）。これに加えて、改正後の民法1007条2項では、任務を開始したときには、相続人に対して遅滞なく通知する義務が規定されました。そして、遺言執行者が管理すべき財産の範囲を明らかにするため、遺言執行が遺言者の財産の処分に関する事項の場合には、遅滞なく相続財産の目録を作成し（同法1011条）、それを相続人に交付しなければなりません。

　改正前の民法1015条では、遺言執行者は相続人の代理人とみなす、とされていましたが、改正により、「遺言執行者がその権限内において遺言執行者であることを示してした行為は、相続人に対して直接にその効力を生ずる」と表現があらためられました。これは、改正前の表現が遺言執行者と相続人との間のトラブルを生じさせる可能性があることが指摘されていたことを受けて、その「実質的な意味を明らかにすることを意図したもの」であり、法改正の前後での実質的な変更はないとされています。

　相続人との関係では、委任の規定が準用されます（民法1012条3項、1020条、644〜647条、650条、654条、655条）。すなわち、遺言執行者は善管注意義務を負い、遺言者の相続人及び受遺者から請求があると

きはその執行の事務の処理状況を報告し、任務が終了した後は、遅滞なくその経過及び結果を報告しなければならず、保管、管理物があるときは、これを引き渡さなければなりません。

　特に、弁護士が遺言執行者に就職した場合には、非弁護士が遺言執行者に就職した場合よりも、専門家として善管注意義務の程度は高くなると解されています。実際、遺言執行者の就職を通知しなかったり、相続財産目録の作成をしなかったり、それを遅滞なく交付しなかったり、保管・管理物の引渡しをしなかったことにより、懲戒になった事例もあります。弁護士が遺言の執行をするにあたっては、専門家として、任務懈怠が生じないよう、細心の注意をする必要があります。

遺言執行者の職務・義務に関連する他の改正点

　遺言執行者がある場合には、遺贈の履行は遺言執行者のみが行うことができることとされました（民法1012条2項）。特定遺贈につき遺言執行者のみが遺贈義務者となると判示していた判例が明文化されたことになります（最二小判昭和43年5月31日民集22巻5号1137頁〔27000953〕）。そして、遺言の執行方法については、特定遺贈と包括遺贈とで異なるところはないと考えるべきであり、遺言執行者がある場合には、遺言執行者に対して遺贈の履行を請求させるのが相当であることから、特定遺贈と包括遺贈とを区別せずに規定がされたものです（同法1012条2項）。

　特定財産承継遺言（いわゆる相続させる旨の遺言）がされた場合において、遺言執行者に対抗要件の具備に必要な行為をする権限が付与されました（同法1014条2項）。改正前の民法のもとでは、判例は、不動産登記法上、権利を承継した相続人が単独で登記申請をすることができるとされており、当該不動産が被相続人名義である限りは、遺言執行者の職務は顕在化せず、遺言執行者は登記手続をすべき権利も義務も有しないと判示していました（最一小判平成11年12月16日民集53巻9号

1989頁〔28042855〕）。しかし、改正後の民法では、特定財産承継遺言がされた場合についても、取引の安全等を図る観点から対抗要件主義を導入し、法定相続分を超える権利の承継については、対抗要件の具備がなければ第三者に権利の承継を対抗できないこととされました（同法899条の2第1項）。そのため、遺言内容の実現のためにも、遺言執行者において対抗要件を具備させる必要性は高まったといえ、改正がされていますので注意が必要です。

また、特定財産承継遺言については、遺言執行者に預貯金の払戻しや預貯金契約の解約権限が付与されています（同法1014条3項）。より具体的には、特定の相続人に預貯金債権を相続させる旨の特定財産承継遺言がされた場合には、原則として、遺言執行者に預貯金の払戻しや解約の申入れをする権限があることが明確にされています（同法1014条3項、4項）。もっとも、預貯金契約の解約権限については、受益相続人以外の相続人の利害を害することがないように、預貯金債権の全部が特定財産承継遺言の目的となっている場合に限定されています（同法1014条3項ただし書）。

相続人と遺言執行者との関係のあり方

特に、遺言執行において難しいのが、相続人とのつきあい方です。

遺言事項は法定されており、そのうち、執行を要する事項と不要な事項があります。遺言執行を円滑に行うためには、当該遺言における遺言執行者の職務の範囲を明確にし、それを十分に相続人に説明しなければなりません。他方で、遺言執行者としての職務を全うするには、相続人の協力が不可欠です。特に、正確な財産調査のためには、個別に相続人に事情を聞き、十分な調査をする必要があります。

しかし、実際には、相続人同士の関係が必ずしも良好でない場合も考えられます。上記のとおり、遺言執行者は、特定の相続人ないし受遺者の立場に偏ることなく、中立公平な立場でその任務を遂行することが期

待されているのであり、遺言執行者は、相続人間の紛争に巻き込まれることを厳に避けなければなりません。

この点で、留意しておかなければならないのは、相続人と遺言執行者との間の利益相反についてです。弁護士が遺言執行者となった場合において、遺留分侵害額請求など相続人間に遺言や相続財産等に関して紛争が生じたとき、当該弁護士は、一部の相続人の代理人となれるかがここでの問題です。

結論としては、遺言執行が終了していない時点においては、一部の相続人の代理人になるのは差し控えるべきであると言わざるを得ず、遺言執行が終了した後であっても、少なくとも当事者間に深刻な争いがあって、話合いによる解決が困難な状況においては、遺言執行者に就職した弁護士が一部の相続人の代理人となることも、差し控えるべきとされています。

この問題は弁護士倫理上の難問で種々の議論が交わされていますが、参考となるのは、東京高判平成15年4月24日判時1932号80頁〔28111670〕です。同裁判例は、「遺言執行者は、特定の相続人ないし受遺者の立場に偏することなく、中立的立場でその任務を遂行することが期待されているのであり……当該相続財産を巡る相続人間の紛争について、特定の相続人の代理人となって訴訟活動をするようなことは、その任務の遂行の中立公正を疑わせるものであるから、厳に慎まなければならない」「遺言執行者が、当該相続財産を巡る相続人間の紛争につき特定の相続人の代理人となることは、……受任している事件（遺言執行事務）と利害相反する事件を受任したものとして、上記規定に違反するといわなければならない」としています。この遺言執行者の中立性、公正性への信頼確保という視点は、遺言執行者としての業務を行ううえで、常に意識しておかなければならない視点です。

> 体験談1

遺言執行者は相続人の味方ではない

弁護士10年目　男性

遺留分侵害の公正証書遺言

　事案は、公正証書遺言を作成した後、成年後見が開始されることになった被相続人の遺言執行の話です。当初、長女が被相続人の成年後見人を務めていましたが、その後、裁判所の職権で、財産管理については弁護士が後見人に選任されました。被相続人が亡くなった後、遺言書記載の遺言執行者である他の弁護士が、財産管理について後見人弁護士から引き継ぐことになっていましたが、その遺言執行者弁護士が就職を承諾せず遺言執行者となる者がいなくなってしまいました。財産の引継ぎについては、家庭裁判所から、弁護士を遺言執行者とするように要請されたため、長女が、代わりに遺言執行者となる弁護士を探したいとのことで、相談に来られました。
　しかし、当該公正証書遺言は、被相続人の他の相続人である二女の遺留分を侵害する内容のものでした。

トラブルが予想される遺言執行と相続人との関係

　事情をうかがってみると、長女と二女とは折り合いが悪いとのことでした。そして、長女は、二女が遺留分を主張しないかを大変に気にしており、遺言執行者に対して、二女との間に生じる可能性のあるトラブルを解決してくれることを期待しているようでした。
　しかし、当然のことながら、遺言執行者は、被相続人の遺言を実現す

る役割であり、相続人間のトラブルを解決すべく、長女の代理人となることもできません。そこで、私は、遺言執行者候補を承諾するにあたり、遺言執行者の役割を丁寧に説明し、趣旨を理解したことを、書面で承諾をいただきました。以下は、承諾をいただいた書面の要旨です。

説　明　書

令和●年●月●日

●●●●様

弁護士　●●●●

　遺言者●●●●氏（被相続人・令和●年●月●日死亡）の遺言の趣旨の口授に基づき●●法務局所属公証人●●●●が作成した令和●年●月●日付遺言公正証書（令和●年第●●●●号）にかかる遺言執行者選任申立について、当職が遺言執行者候補者となるにあたり、下記の事項についてご理解及びご承諾をいただきたく存じます。

1　遺言執行者は、裁判所の審判により選任され、個々の相続人の利害にとらわれず、客観的かつ公正な立場で遺言者の真意を実現する責務を負います。そのため、遺言執行者選任申立の申立人と遺言執行者との間に委任関係はなく、遺言執行者は、申立人を依頼者として、その利益を図るべく行動することはできません。

2　遺言執行者は、特定の相続人の立場に偏ることなく、中立的立場でその任務を遂行することが求められます。そのため、遺言の成立、遺産の内容と範囲、遺留分の侵害等について、相続人間で争いが生じた場合、遺言執行業務が終了したか否かにかかわらず、特定の相続人の代理人となって活動をすることはできません。

3　遺言執行者の報酬は、家庭裁判所の審判により決定されます。当該報酬も含めた、遺言の執行に関する費用は、遺言執行者に対し、相続財産から控除して支払われます。

> 承　諾　書
>
> 弁護士　●●●●　宛
> 上記説明を充分に理解し承諾しました。
> 令和●年●月●日
> （ご住所）東京都●区●●
> （お名前）●●●●

　考えさせられたのは、やはり、遺言執行者の中立性、公正性に対する信頼を確保しなければならないという点であり、自分なりに最大限配慮しようと思いました。

　そこで、まず、長女に対しては、遺言執行者の役割は遺言の内容を実現することにあり、相続人間のトラブルを解決するものではないこと、そこでは中立性、公平性が強く求められることなどを丁寧に説明しました。また、その内容を理解し、承諾したことを証する上記のような書面に押印してもらいました。

　そのうえで、入り口の手続の点でも、私が遺言執行者候補となることは承諾しましたが、遺言執行者申立自体は、長女ご自身で行ってもらうことにしました。これが正解なのかはわかりませんが、私が申立ての代理をすること自体、長女と私との間に委任関係が生じ、裁判所に選任された後の、遺言執行者としての中立性、公平性に疑問をもたれる余地があると考えたからです。

　また、遺言執行事務を遂行するにあたっても、実際のところ、たびたび、長女から、二女の動向に対する問合せがあり、その都度、遺言執行者は、裁判所から選任された中立的な立場であり、一部の相続人の代理人として、他の相続人と交渉することはできないと繰り返し説明し、遺言執行報告書についても、全ての相続人に対し報告すべき客観的な内容になるよう心がけました。

　幸いにも、私が受任通知を発した後、二女の代理人から、現状、二女が遺留分侵害額請求を行う意思はないとの連絡を受け、私は、粛々と遺言執行を行い、無事終了することができました。

なお、平成30年民法改正により、遺留分侵害がある場合、遺留分に関する権利を行使することにより、金銭債権が発生することとされたので（民法1046条1項）、遺言執行者は、遺留分権の行使の有無とは関係なく、遺言内容の実現のため遺贈等の履行を続行することになっています。そして遺留分侵害を理由とする金銭給付請求の履行は、遺言執行者の職務ではありませんし、そもそも遺言執行者は遺留分侵害額請求の意思表示を受領すべき地位にはなく、遺留分侵害を原因とする訴訟の当事者適格は有しません。

遺言執行業務を円滑に遂行するには、相続人の協力は不可欠であり、個々の相続人をないがしろにすることはありません。その一方で、遺言執行者として各相続人に対して等しく中立・公正な立場であることは、場合によっては、「遺言と相続人との板挟み」になることもあり、非常に舵取りが難しいことを実感した事件でした。

体験談2

財産調査はぬかりなく

弁護士7年目　男性

遺言執行者は突然に

公正証書遺言に遺言執行者として名前が記載されている場合、遺言者が亡くなった際に業務がスタートしますので、遺言の執行業務は往々に突然やってくることになります。今回の遺言執行は、5年前に公正証書遺言作成業務を受けた際に、遺言執行者として公正証書に私が記載されていたもので、いつ遺言者が亡くなるかは、当然ながら予想だにできませんでした。

一から十まで遺言執行者

　さて、遺言の執行を行う際の作業量ですが、相続人が存在するか否か、存在しているとして、どの程度協力してもらえるか等により、案件ごとにさまざまです。そもそも相続人が存在しない場合には、遺言執行者が葬儀の手続等の段取りをする必要がありますし、遺言者が「相続人がいない」ことを想定している場合や、弁護士が遺言の作成に携わっている場合には、その旨を盛り込んだ遺言を作成するのが通常です。しかし、なかには葬儀等の手続について別段の記載がなされていない場合もあるので、遺言執行者は広い裁量で適切な判断が求められるとともに、重い責任が伴います。今回の案件は、葬儀は遺言者の兄弟が喪主を務めたため、遺言執行者は葬儀等の費用を確認し、遺言書の定めに沿って相続財産から拠出する形となりましたが、それ以外の作業はほとんど遺言執行者が行うことになりました。

まずは片付けから

　遺言執行の業務について、私が実際に取り扱うようになる前は、遺言執行者の口座を作成して、遺言者の口座の解約や株・有価証券の換金を行い、執行者の口座に集約したうえで分配、という作業を事務所や銀行等を回って手続するようなイメージをもっていたのですが……実際に遺言執行をする際に負担が大きいのは、意外かもしれませんが「片付け」であると思っています。

　老人ホームに入居していた場合や、家族と同居していた場合には作業量が少ないのですが、遺言者が単身独居で生活していた場合には、まず、大量のものの中から、「必要なもの」と「必要でないもの」の選別から考えなければなりません。

　今回の案件は、遺言者である男性には妻や子どもはおらず、マンションの1室での単身独居であったところ、おそらく自然死され、亡くなっ

てから1週間程度してご遺体が発見されたというものでした。また、亡くなる前はさまざま調子を崩されていたようで、家の中は足の踏み場もない程、ペットボトルや弁当の空き箱、服などがいっぱいでした。こうした場合の遺言執行は、届いている郵便物を確認し、適宜公共料金の解約等や、未払いの料金の支払い、関係各所に遺言者が亡くなったことを連絡することからスタートしていくのです。日が落ちて辺りも暗くなっているなか、1人で亡くなった方の部屋で片付けを行うのは、なかなかできない体験ですし、精神力が鍛えられました。

人任せにはできない

　遺言の定めによりますが、動産について価値があるものを換価して分配する必要がある場合、私は、廃棄物を処理する業者を頼むとしても、まずは基本的に遺言執行者自身が当該動産の片付け（何がどこにあるのかの確認）を行うべきと考えています。そのため、その過程で明らかに不要と考えられるペットボトルや弁当の空き箱、チラシ等は遺言執行者がまとめ、確認をしてから廃棄します。正直、どこまで遺言執行者がやるのかという問題はあるかもしれませんが、「価値のあるものを勝手に捨てられた」という問題が生じないようにすることを考えると、遺言執行者においてできる限りのことはやるべきです。

思わぬ価値があることも

　さて、そのように遺言者の遺品を片付けていると、実際に、価値のある動産が意外なところから出てくるものです。本当に大変なのですが、意外に多いのが、衣服に貴金属がつけっぱなしになっていること、商品券やサービス券等が見つかることです。着物等でない限り、衣服自体に価値があることはほぼありませんが、貴金属や商品券は一定程度の価値

があることが多いので、ある程度まとめたうえで、見積もりを何社かに出してもらい、一番高いところに引き取ってもらいます。

　今回の執行も、衣服の一つひとつ、戸棚の一つひとつ、箱の一つひとつに至るまで確認し、価値のある動産があるか調査・確認を行いました。衣服から貴金属があれば外し、郵便物やとってある書類に商品券等があれば換価し、そして、ようやく選別がほとんど終わったかと思われた時、台所の戸棚の奥から、小さな箱が見つかりました。戸棚の中の食器は基本的に遺言者が日常的に使用していたものだったので業者に処理してもらう予定でしたが、その箱は風呂敷に包まれ、中の木箱には墨で判読できない文字が書いてありました。

　「無価値物として処理してしまいたいな」という気持ちを抑え、再度骨董を取り扱う業者に電話で確認をとりました。しかし、素人が特徴を伝えても、電話口ではよくわからないとのこと。このまま他の器とともに廃棄してしまってもよいのではと思いましたが、それでもと思い、業者に持って行って確認してもらったところ……一目見るなり、業者はその正体を見抜きました。

　「詳しくはきちんと確認してみなければ何とも言えませんが、箱の記載と特徴から魯山人の器と思われます」

　思わぬところに財産が隠れているものです。その後、複数の業者に見てもらい、一番高い値段を付けた業者に買い取ってもらいましたが、200万円以上で処分することができました。

　古美術の知識のない私だと、そのままの状態で台所の戸棚の中に陳列されていたらおそらく廃棄していたかもしれません。遺言執行における動産の処理、どれだけ気をつけていても難しいところです。

> 体験談3

貸金庫の中の財宝

弁護士6年目　女性

貸金庫って知ってますか？

　私は、遺言執行業務で貸金庫の解約を行うまで、正直「貸金庫」と呼ばれるものについて、どのようなものかわかっていませんでした。
　ある遺言執行の際、遺言者の財産の中に貸金庫の鍵があったため、預金口座や証券口座等を解約するとともに、貸金庫も解約することになりました。銀行に「貸金庫を解約したい」旨を伝え、必要資料を確認してもらった後、本当にイメージどおりの丸い分厚い扉の向こうに案内されました。
　貸金庫は最近「全自動型」「半自動型」等の種類もあるようなのですが、私が解約した貸金庫は、貸金庫内がさらに多くの金庫に分かれており、契約者はその中で契約した金庫の鍵を使って、金庫（といっても実際には、大きく長い金属の四角い筒のようなもの）を出し入れするタイプでした。なお、貸金庫の出し入れをする際には、銀行員はついて来ないので、1人で契約した金庫内を確認することになります。

札束の山

　その時に担当した遺言執行は、不動産も銀行預金もかなりの数があったのですが、遺言執行者の口座への集約がほぼ終わり、貸金庫の解約と、あと細々とした作業が残るだけになっていました。
　私は事務所の先輩弁護士から、「貸金庫は現金等を入れちゃいけない

ことになっているから、基本的には契約書とか、本人が大事にしているもの等があるだけだよ。写真とかあった場合には、客観的に無価値物に思えても、相続人に確認し、必要に応じて渡さないとね」とアドバイスを受けていたため、金庫を開けるまでてっきり思い出の品々が入っていると思っていたのですが……。

　金庫を開けてみると、一角に札束がきれいに敷き詰められ、空いているスペースには地金が入れてありました。少なく見積もっても千数百万にはなりそうです。……先輩、話が違います。

遺言執行者としてどのように資料を残したらよいのか

　私は、お金が多くて問題だな、と思うとともに、すぐに札束が敷き詰められていることの問題に気づき、冷や汗が出ました。「現金が金庫内に○○円残っている」という状態を、どのように資料に残したらよいのでしょうか。遺言執行者としては、ネコババしたと言われないよう、細心の注意を払わなければなりません。金庫から出て事務所に戻れば先輩やボス弁の助言を受けることができますが……この状態を保全せずに解約して、手持ちで現金を持って帰って大丈夫なのだろうか……私はとても悩みました。

　銀行員は当然、「○○円入っていた」等ということを証明してくれることはありません。私は、銀行員に相談し、これから解約する貸金庫だけであればということで、許可を得て、当該貸金庫の内容物が筒に入っている状況等を写真に撮ることにしました。

　解約手続を終えた後、事務所に帰って、金庫内の内容物をあらためて並べ、一つひとつ写真撮影を行い、執行状況報告書に添付する形で対応しました。遺言執行者としては、貸金庫を解約したとして金銭が新たに発見されても、報酬が大きく変動するわけではない反面、今回の件のように現金が急に発見された場合には、適式な対応をしているという資料を残すために最大限注意しなければなりません。

ボス弁からは「貸金庫であっても家の中であっても、直接現金が発見されたときは同じ話だから、そこまで警戒せず、きちんと報告書にしたら大丈夫だろう」とアドバイスを受けました。よく考えてみれば遺言者の居室内で現金が発見された場合も同じですね。当然「ネコババ」のようなことはしませんが、後日疑われるのはよい気持ちがしませんし、弁護士としてきちんと防御するための資料を残したいところです。また、建物内の現金であれ貸金庫内の現金等であれ、相続発生後は可能な限り早めにその内容を確認すること、そして記録に残しておくことが必要でしょう。

ワンポイントアドバイス

その他の改正

　平成30年に民法等（相続法）の改正が行われましたが、遺言執行制度についても改正がされた条文がありました。解説で述べられなかった改正点についても、改正前の取扱いからの変更や明確化された規定を確認しておくことが重要です。

「復任権」（1016条）
　改正前の民法1016条は、遺言執行者は、原則として、やむを得ない事由がなければ第三者にその任務を行わせることができないとして、復任権を制限していました。これは、一般に遺言執行者は法定代理人と解されているものの、むしろ遺言者との信頼関係に基づく任意代理人に近いことを考慮したものと言われていました。もっとも、遺言執行者についても、その職務が非常に広範囲に及ぶこともあり得ることに加え、遺言執行者が任務代行者を選任する際に相続人全員の同意を得ることが困難な場合も多いこと等の事情を考慮し、他の法定代理人と同様の要件で

復任権を認めることとしたものです。

「相続人の行為の効果」（1013条2項・3項）
　遺言執行者がある場合は、相続財産の処分その他遺言の執行を妨げるべき行為をすることができない（民法1013条1項）ことは、改正の前後で変わっていません。改正後の民法では、改正前民法及び判例の考え方を基本的に尊重しながらも、遺言の存否及び内容を知り得ない第三者の取引の安全を図る観点から、相続人が自らした行為の効果と相続債権者又は相続人の債権者がした行為の効果とを区別したうえで、それぞれ異なる規律を設けました。
　まず、遺言執行者がいる場合に相続人が行った遺言の執行を妨げる行為は無効であることを明確にしつつ（民法1013条2項本文）、取引の相手方が遺言執行者の存在を知らなかった場合について、取引の安全のため、その行為の無効は善意の第三者に対抗できないことと明示されました（同項ただし書）。
　次に、同法1013条2項のような規定がされたことに伴い、遺言執行者がいる場合には、相続債権者や相続人の債権者の権利行使も認められないことになるのでしょうか。同条3項が、同条1項及び2項の規定は、相続債権者や相続人の債権者が相続財産についてその権利を行使することを妨げない旨の注意規定として設けられ、改正により立法的に解決されました。これは、遺言執行者の有無という相続債権者等が知り得ない事情により権利行使の有効性が左右されないようにすることで、取引の安全を図ったものとされています。

Method 16 遺留分

▶ **遺留分を極めてこそプロ**

――民法は、遺言の自由を認めているが、配偶者・直系尊属・直系卑属が一定額の相続財産を確保するよう、遺言の自由に一定の制約を課している。

相続事件に取り組んでいると、当事者の多くが、遺留分について、ある程度の知識をもっていることが多いのに驚かされる。相続法の中でも、遺留分制度は、法定相続割合と並んで、広く知られているといえる。よって、遺留分制度について、以下に説明する程度の知識は押さえておくべきである。

また、近時の相続法改正においても、遺留分制度は大きく改正されたので、注意が必要である。

遺留分権利者は？

遺留分権利者は「兄弟姉妹以外」の「相続人」です（民法1042条1項）。よって、兄弟姉妹、相続欠格者、廃除された者及び相続を放棄した者は遺留分権利者ではありません。

遺留分の割合は？

遺留分全体の割合は、直系尊属のみが相続人である場合は被相続人の財産の3分の1（民法1042条1項1号）、それ以外の場合は被相続人の財産の2分の1です（同項2号）。これに、各遺留分権利者の法定相続分の割合を乗じた割合が、各遺留分権利者の個別的遺留分になります（同条2項）。

遺留分算定の基礎財産の算定方法は？

被相続人が相続開始時に有していた財産の価額に、贈与した財産の価額を加え、債務の全額を控除します（民法1043条1項）。「贈与した財産」には、相続開始前の1年間にした贈与（同法1044条1項前段）、当事者双方が遺留分権利者に損害を加えることを知ってなした贈与（同項後段）、相続人に対する相続開始前の10年間にした特別受益としての贈与（同条3項）が含まれます。

なお、寄与分は、遺留分においては考慮できないとされています。

遺留分侵害行為の効果は？

侵害行為があったとしても、その行為が無効になるわけではありません。遺留分権利者が遺留分侵害額請求権を行使することによって、遺留分侵害額に相当する金銭の給付を目的とする金銭債権が生じます（民法1046条1項）。これは、相続法改正により、大きな変更があったところです。

すなわち、改正前は、遺留分減殺請求権が行使されると、贈与や遺贈は遺留分を侵害する限りで失効する（物権的効力）とされていたのに対し、改正後は、遺留分侵害額請求権が行使されると、金銭債権が生じる

こと(債権的効力)となったのです。

なお、裁判所は、受遺者又は受贈者の請求により、遺留分侵害額請求を受けたことにより負担する債務の全部又は一部の支払いにつき相当の期限を許与することができます(同法1047条5項)。

遺留分侵害額請求権はいつまで行使できるか？

遺留分侵害額の請求権は、遺留分権利者が、相続の開始及び遺留分を侵害する贈与又は遺贈があったことを知った時から、1年間行使しないときは、時効によって消滅します(民法1048条前段)。相続開始の時から10年を経過したときも、同様です(同条後段)。

ここで「遺留分を侵害する贈与又は遺贈があったことを知った時」とは、贈与や遺贈があったことを知るだけでは足りず、それが遺留分侵害額請求の対象となることまで認識していることが必要と解されています(最二小判昭和57年11月12日民集36巻11号2193頁〔27000066〕)。

> 体験談1

遺留分をめぐる攻防

弁護士4年目　男性

静かなスタート～相談から訴え提起まで～

所長弁護士の知り合いであった税理士に伴われて、依頼者Aさんが相談にやってきたのは、私が弁護士になってから1年目のことです。Aさんは、税金について、ときどき税理士に相談していたところ、母が亡

くなったので、相続について相談する弁護士を紹介するよう、税理士に頼んだということです。

　話を聞いてみますと、依頼者の母（被相続人）の相続人は、長女のＡさん、長男のＢさん、二女のＣさんの３人で、相続財産は、土地が２物件、建物が１物件、若干の株式及び預金でした。母は公正証書遺言を残しており、遺言によると、株式はＡさんに、土地はＢさんとＣさんに、建物はＣさんに相続させて、預金は３分の１ずつ相続させるという内容でした。

　Ａさんの依頼は、遺言書の内容は、自分の遺留分を侵害しているので、遺留分侵害額請求をしてほしいというものでした。また、母は、生前に、ＢさんとＣさんに、現金を贈与しているので、その分も減殺してほしいというものでした。

　確かに、控えめにみても、Ａさんが相続する株式と、ＢさんやＣさんが相続する不動産との間には、数十倍もの価格の開きがあったので、Ａさんの取り分が随分少ないように感じました。そこで、Ａさんに、思い当たる点がないかを尋ねたところ、生前、母から、株式投資を頼まれ、数千万円のお金を預かっていたが、運用に失敗したため、預かったお金を返せなくなっていたこと、それ以来、何となく、母との関係が疎遠になっていたことがわかりました。

　大体の事情はわかりましたので、Ａさんの依頼を受けることとし、ＢさんとＣさんに受任通知を送り、あわせて、遺留分侵害額請求を行う旨の意思表示を受任通知に記載しました。ＢさんとＣさんが、現金贈与の事実を素直に認める可能性は低いと思われたので、訴え提起の準備にも着手し、Ｂさん、Ｃさんの代理人弁護士から、遺留分侵害額請求の内容について反論の書面が届いたのを確認してから、訴えを提起しました。

　ここまでは、まあ、よくある内容です。ところが、本件は、この後、意外な展開をたどることになります。

裁判の経過～和解案提示、価額弁償の申出まで～

裁判で、遺留分の算定（改正前民法1029条1項）に関し、以下の点が争点として争われました。
① 不動産の評価額（固定資産税評価額を0.7で割り戻した価格か、Aさんが提出した不動産業者作成の査定額か）
② Bさんへの現金贈与の有無
③ Cさんへの現金贈与の有無
④ Aさんへの「株式投資用資金」の預け金は、特別受益としての「贈与」になるか

訴え提起から約1年半後、裁判所から和解案が提示されました。和解案から読み取れる裁判所の心証は、以下のとおりでした。
①については、固定資産税評価額を0.7で割り戻した価格とする
②については、贈与の事実を認める
③については、贈与の事実を認めない
④については、特別受益としての「贈与」に該当しない

①については、想定内の結果です。
②については、Bさんが現金贈与を自認してくれたことが幸いしました。
③については、贈与を裏付ける客観的証拠がないことを前提とすれば、やむを得ないと言えます。この点、Aさんは、「母は、Cさんにお金をあげたことを、ノートかメモに残しているはず。メモ等を提出させてほしい」と繰り返し求め、文書提出命令申立まで行いましたが、「文書の特定性に欠ける」という理由で、提出命令を得るには至りませんでした。
④については、被告側が、「特別受益である」と、強硬に主張していましたが、Aさんに、証券会社との取引記録を取り寄せてもらい、株式取引が母名義で行われていること、利益が出たときは、当該利益分が母の口座へ送金されていたこと、損失が出たときは、Aさんが当該利

益分を補塡していたことなどを主張・立証し、被告側の主張を覆すことができました。

　裁判所から和解案が提示された後、被告側から、価額弁償の申出がありました。内容は、被告らが、相続した不動産を売却し、売却代金で価額弁償するというものです。数字的には、裁判所の和解案に近いもので、弁護士目線でみれば、受入れ可能な案でした。

　後は依頼者が受け入れれば、めでたしめでたしですが……。

依頼者側との攻防〜和解成立まで〜

　残念ながら、物事、そのようにはうまく進みません。依頼者は、和解案の受入れを強硬に反対しました。不動産の評価額と、Cさんへの現金贈与の事実が認定されなかったことに、不満があったようです。

　こちらとしては、法律上、Aさんの要求全てをかなえることができないことを、根気強く説明するしかありません。というわけで、Aさんから質問や要望が出るたびに、書面で丁寧に回答するよう努めました。

　そうこうしているうちに、Aさんは静かになっていったのですが、今度は、Aさんを紹介してくれた税理士からクレームが来ました。その趣旨は、「価額弁償額は、相続開始時を基準にすべき。だから、不動産も、相続開始時の価格で売らなければおかしい」というものです。

　この点については、弁償額の確定時期は、事実審口頭弁論終結時を基準にするという最高裁判例（最二小判昭和51年8月30日民集30巻7号768頁〔27000313〕）があるのですが、そのことを説明しても納得せず、仮に判決言渡しとなった場合、価額弁償額について税理士の主張が認められることはないこと、控訴しても認容される可能性は高くない旨説明しても、逆ギレされる始末です。

　このようにいろいろありましたが、粘り強く依頼者や税理士との協議、真摯な説明を続けていくことで、最終的に、なんとか和解を進めることで納得していただけました。おそらく、Aさんが和解を受け入れたのは、

Aさんに対し、事前に、「和解交渉打ち切り依頼書」なる書面を送ったうえで、和解交渉を取りやめる場合は、当該書面に署名捺印して返送するようにと、伝えていたことが奏功したのかもしれません。Aさんとしては、そこまで腹を固めることはできなかったのでしょう。

最後に

　紆余曲折ありましたが、訴え提起から２年３か月後、不動産が売却され、無事に和解が成立しました。
　本件では、依頼者への対応方法に、最初から最後まで苦労しましたが、ある程度まとまった額の代償金を取得できたので、結果オーライと考えています。

体験談２

言いつけを守らない孫との闘い

弁護士４年目　男性

友人からの深刻な相談

　日々の業務に追われているなか、仲の良い高校時代からの友人より、こんな相談が入りました。それは「俺の叔父さんが相続のことで揉めて、自殺未遂をしてしまった。一命はとりとめたが、今後も引き続き揉めることが予想される。相談できないか」というものでした。
　深刻な相談に驚きましたが、私を信頼してそのようなご親族の深刻な相談をしてくれた友人の期待を裏切るわけにはいきません。私は、友人

の紹介を受け、入院しているという叔父さんのお兄さんにあたる、友人の父と面談をすることとなりました。

相続関係は、下図のとおりです。

相談者である友人の父によると、概要は次のとおりでした。

被相続人は事業（酒屋の卸売）をやっていたが、経営は思わしくなく債務超過の状態。相続にあたって、被相続人作成の公正証書遺言があるところ、同遺言は、以下のような内容でした。

・従前被相続人の事業を手伝っていた二男が、事業に関する負債や、事業にあたって使用していた事務所の不動産を含め、事業を丸ごと承継する。
・その代わり（事業は不採算なので）、収益物件（賃貸マンション、土地建物被相続人所有）も二男が引き継ぐ。
・長男（相談者）は何も引き継がない。
・代襲相続人である孫①、孫②（相手方ら）には、それぞれ100万円ずつ、計200万円を相続させる。

遺言には、付言事項が付されており、二男に全て引き継がせることの理由が書かれているほか、相手方らに対しては「二男には、経営難で大変な事業を引き継いでもらう。君たちは、棚ぼた的に100万円をもらえるのだから、文句を言わず、遺留分の請求などを二男に対して絶対にしないように」との記載があります。

しかしながら、相手方らは、二男に対して"言いつけを破って"遺

分侵害額請求をしたのでした。二男は、事業を引き継いだものの赤字で、事業による収入は全く期待できません。賃貸マンションを引き継いだことによる賃料収入はありますが、マンション設立にあたって契約したローン（債務者は"二男"）の返済でほとんど費消してしまいます。マンションを売っても、おそらくオーバーローンのため余剰はなし。そのため、相手方らからの遺留分侵害額請求に対し、二男は支払をするあてがありません。これに絶望した二男は、自殺を図ったのでした。

遺留分と交渉の方針

　賃貸マンションがオーバーローンなら、「そもそも遺留分はないんじゃない？」と思われるかもしれません。しかしながら、ローンの債務者は被相続人ではなく二男です。そうすると、抵当権の実行が確実で、債務者に資力がなく求償できないというような限定的な場合でない限り、遺産分割の際の不動産の評価にあたって、ローンの残債分を減殺するという処理はなされません。賃貸マンションはそれなりの評価額であったため、客観的にみれば、遺留分は相当額発生してしまいます。現に、相手方らは、約2,000万円もの金額を請求してきたのでした。

　私は、とても悩みました。客観的には、相手方らの請求は妥当ともいえます。しかしながら、"言いつけ"を破り、二男が自殺未遂をしているにもかかわらず、それだけの金額を請求してくる相手方らに対し、「客観的には妥当なので……」と簡単に応じることはできませんし、そもそもそんな金額を二男が支払うことはできません。

　悩んだ結果、私は、相談者（友人の父）である長男が、二男の入院費用、固定資産税、賃貸マンションのローン等さまざまな費用を立て替えていることに着目しました（自分は1円も相続できないのに偉い！）。法的には、長男から二男に対する立替金返還請求が成立しますが、当然、長男が二男に対して立て替えた分の返還を請求してしまえば、二男は生きていけません。いわば、二男の命運は長男が握っているといえる状況

でした。そこで私は、「長男が、二男が負っていた多額の債務を立て替えているところ、長男がその返還を請求してしまえば、破産は確実である。したがって、抵当権の実行が確実であるといえるし、二男に資力はないから、ローンの残債分はマンションの価額算定にあたり控除されるべき」という主張をしました。そしてさらに、「相手方らが高額の請求を維持するのであれば、もはや長男も支えきれず一緒に破産することになるだろう」と、駆け引きしました。法律論ではありませんが、破産されて回収できなくなるくらいなら、減額せざるを得ないという相手のあきらめを狙ったのです（実際はおそらく長男がなんとかできた……）。

交渉の結末

　相手方も、簡単には矛を収めませんでした。「本当に破産をすると約束できるのか」「長男と二男の関係はどうなのか」「長男はどれほどの金額を立て替えているのか」、あらゆる事情を確認してきました。おそらく、相手方の先生も大変だったのでしょう。「破産しちゃいそうだからあきらめましょう」なんて、私が相手方の代理人だったとしても、簡単には言えません。その意味では、ご負担をおかけしました。その分、私も、「相手方代理人が相手方らを説得するための準備をする」という気概で、丁寧な説明をしました。

　結果的に、遺言書記載の100万円ずつ、計200万円とまではいかないものの、200万円ずつ、計400万円まで減額し、和解をすることができました。一見、妥当ともいえる当初の請求額2,000万円から、大幅な減額が実現しています。相手方らも、弁護士費用の支出を加味しても、利益は出ているでしょう。

　計400万円の解決金は、長男が立て替えて支払い、無事に本件は解決しました。二男も無事退院し、資力のある長男の支えのもと、今は元気に生活をされているようです。二男が引き継いだ事業は、もはや続けることは困難です。会社をたたまないといけない、事務所を売却しないと

いけない等、問題はまだまだありますが、本件が解決したことで、前向きになれたようです。

　本件は、客観的にみれば分が悪い案件でしたが、依頼者の経済状況や、背景事情に着目し、なんとか依頼者が納得できる形で解決できた事案です。法律論を構成することが弁護士の仕事であることは当然のことですが、それだけではなく、交渉術として、法律論以外の駆け引きをすることも、弁護士として大切なことなのだと、実感しました。

> 体験談3

遺留分侵害額請求と1年の時効

弁護士5年目　男性

交渉途中の段階での受任

　遺留分侵害額請求権の消滅時効が完成しているか否かに関し、私が「今後は安易な思い込みはしないようにしよう」と思った事案です。
　事案の概要は、以下のとおりです。
　相続人は、数人の子らのみです。相続財産は多く、その中には都内一等地所在の不動産もありました。子らのうちの1人である、私の依頼者が遺言により多くの財産（不動産含む）を取得したため、他の子らから遺留分侵害額の請求を受けました。
　依頼者には、私が代理人として就く前に、他の弁護士が代理人として就いており、他の子らの代理人弁護士らと長らく協議していました。
　前任の弁護士が辞任し、私が代理人に就いた後も協議が続きましたが、依頼者は、金融資産に乏しく、侵害額分の資金を用意することができないため、交渉は難航しました。

消滅時効が完成しているか否かを
確認しないまま交渉継続

　ところで、遺留分侵害額請求権の消滅時効が完成しているか否かについて、それまで、私自身は、他の代理人らに確認していませんでした。気にはなりつつも、「前任の弁護士が本件当初から長らく代理人として活動していたのだから、消滅時効が完成しているか否かの確認は、当然になされたうえで協議が続けられていたのだろう」と思い込んでいました。今にして思うと、「いまさら、消滅時効のことを言い出して、他の代理人らに変に思われたら恥ずかしい」という思いがあったかもしれません。

消滅時効が完成しているか否かを確認した結果……

　もっとも、「仮に消滅時効が完成しているにもかかわらず、長期の分割を受け入れてもらうなどして、このまま和解を成立させてしまったら、それこそ大変な弁護過誤になってしまう」と思い直し、他の代理人らに対し、「いちおう、1年以内に遺留分侵害額請求がなされていることを確認させてください」とお願いしました。そうしたところ、その次の回の協議の際に、ひとりの代理人が開き直ったように、「1年以内に遺留分侵害額請求がなされている事実は確認できませんでした」と発言しました。
　それまで、その相手方のみが強硬な請求を続けたために交渉が難航していたのですが（他の相手方は、当方にとって受け容れ可能の請求内容でした）、その相手方との交渉の前提が「遺留分侵害額請求権が存在する」から「存在しない」に変わったため、一気に交渉はまとまる方向に進み始め、しばらくして本件は無事に解決しました。
　弁護士業務を行っていくなかで、「恥ずかしい」「面倒くさい」と思うことは多々あると思います。しかし、弁護士業務は、ちょっとした行動

の差で、結果が大きく変わってくるものです。本件に携わってから後は、疑問を感じたら、恥ずかしさや面倒臭さは脇に置いて、さっさと解消するように努めています。

> ワンポイントアドバイス

遺留分侵害額請求権行使の留意点

　遺留分侵害額請求権を行使し、又は行使された場合、以下の点を押さえておきましょう。
　① 遺留分算定の基礎財産の評価時点は、相続開始時であること。
　② 遺留分侵害額請求権が行使されると、遺留分侵害額に相当する金銭の給付を目的とする金銭債権が発生すること。
　③ 寄与分は、遺留分においては考慮できないこと。

　特に、②の点は、近時の相続法改正で大きく変わった点なので、注意が必要です。すなわち、改正前は、相続財産が不動産の場合、遺留分減殺請求権を行使しても、共有状態になるだけであり、共有状態を解消するには共有物分割手続が別途必要だったのですが、改正後は、遺留分侵害額請求権の行使自体の効果として金銭債権が発生するので、「共有物分割手続が別途必要」ということはなくなったのです。

Method 17 相続と税金

▶ 相続人と相続財産と税制の方程式

――適切な遺言や遺産分割のためには、相続税の理解が不可欠である。税理士任せにせず、最低限の基本知識は押さえておこう。

相続税とは

　相続税とは、被相続人の死亡により相続や遺贈により財産を取得した者に、その取得した財産の価格を課税標準として課される税です。
　その機能としては、①被相続人が生存中、所得税法上の特例、特典などを利用し、あるいは租税回避をするなどにより蓄積した財産を相続開始の時点で清算する、所得税の補完機能、②被相続人より相続人等が得た偶然の富の増加に対し、その一部を税として徴収することで、相続した者としなかった者との財産保有状況の均衡を図り、あわせて富の過度の集中を抑制するとする、富の集中抑制機能があるといわれています。同じく相続税法に規定される贈与税は、②の趣旨から、相続税の補完税であるとされています。生前贈与により相続税を回避するのを防ぐために、課税最低限も低く、税率の高い贈与税を課することによって相続税を補完しようとするわけです。

相続税が課される場合

相続税の課税対象は「課税遺産総額」といいますが、この金額は①相続や遺贈によって取得した財産（みなし相続財産を含む）及び相続時精算課税の適用を受けて贈与により取得した財産の価額を合計し、②非課税財産、葬式費用、債務を控除し、③相続開始前7年以内に暦年課税による贈与で取得した財産の価額を加算し（ただし、相続開始の3年より前の贈与についてはその合計額から100万円を控除した残額を加算。また、令和5年12月31日以前の贈与については、相続開始前3年以内の贈与分が加算対象となる）、④基礎控除額を差し引いて算出します。課税遺産総額がゼロ円を上回ると、相続税の申告及び納税が必要となります。【図1】を参考にしてその全体像をつかんでおきましょう。

各相続人等の相続税額・納付すべき相続税額の計算方法

各人の相続税額は、課税遺産総額を一旦法定相続分で分割したものと仮定して相続税の総額を算出し、それを実際の遺産の取得額に応じて按分するという計算の仕組みをとっています（法定相続分課税方式）。そのうえで、按分した税額から各種の税額控除の額を差し引いた後の金額が、各人が実際に納付すべき相続税額になります。具体的な計算例は【図2】のとおりとなります。

【図1】

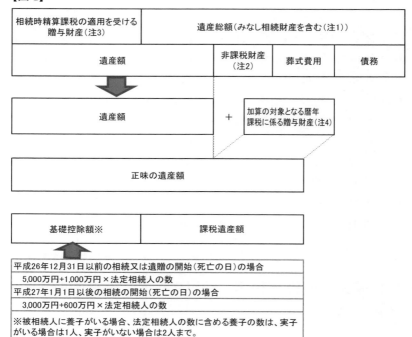

(注1)みなし相続財産
本来の相続財産ではないが、税法上は相続や遺贈によって取得されたものとみなされる財産
※死亡退職金、被相続人が保険料を負担していた生命保険契約の死亡保険金等

(注2)非課税財産
1　墓所、仏壇、祭具など
2　国や地方公共団体、特定の公益法人等に寄付した財産
　　（相続税の申告に際し、一定の手続等が必要）
3　生命保険金（死亡保険金）のうち次の額まで
　　500万円×法定相続人の数
4　死亡退職金のうち次の額まで
　　500万円×法定相続人の数

(注3)相続時精算課税制度
相続前に高齢者の資産を次世代に移転し有効活用させるためのもので要は相続財産の前渡し。納税者の選択により、暦年単位による贈与税の納付（暦年課税）に代えて、贈与時には本制度に係る贈与税額（特別控除額：累積2,500万円、税率：一律20％）を納付し、その後贈与者の相続開始時に本来の相続財産の価格に本制度を適用した受贈財産の価格を加えた合計額を課税価格として相続税を納付する。利用には一定の手続が必要。一旦同制度を選択した場合には、暦年課税に戻ることはできない。

(注4)相続開始前7年以内（令和5年12月31日以前の贈与財産は3年以内）に暦年課税による贈与で取得した財産の価額。ただし、相続開始の3年より前の贈与についてはその合計額から100万円を控除する。相続開始前の一定期間の贈与を加算するのは、贈与税が相続税の補完税としての役割を持っており、相続税回避のための駆け込み贈与を防ぐため。

※国税庁タックスアンサーNo.4102（相続税がかかる場合）[令和6年1月1日現在法令等]（https://www.nta.go.jp/taxes/shiraberu/taxanswer/sozoku/4102.htm）から引用・一部改変

【図2】

（例）相続財産を取得した各人の課税価格の合計が1億円で、配偶者が8,000万円、子2人が1,000万円ずつ相続した場合

（課税価格の合計額）1億円−（（基礎控除額）3,000万円＋600万円×3人）＝（課税遺産総額）5,200万円

各人が課税遺産総額を法定相続分で取得したと仮定して税額を計算

配偶者	子	子
（法定相続分1/2）2,600万円	（1/4）1,300万円	（1/4）1,300万円
（×税率15%−50万円）340万円（注1）	（×税率15%−50万円）145万円	（×税率15%−50万円）145万円

相続税の総額630万円

相続税の総額を実際の相続割合であん分

配偶者(8,000万円/1億円)504万円	子(1,000万円/1億円)63万円	子(1,000万円/1億円)63万円

実際に納付する相続税（あん分した税額から各種の税額控除（注2）の額を差し引いた後の金額）

（例）配偶者の税額軽減

配偶者 0円	子63万円	子63万円

（注1）相続税の速算表

区分	税率	控除額
1,000万円以下	10%	−
3,000万円以下	15%	50万円
5,000万円以下	20%	200万円
1億円以下	30%	700万円
2億円以下	40%	1,700万円
3億円以下	45%	2,700万円
6億円以下	50%	4,200万円
6億円超	55%	7,200万円

（注2）相続税の相続税額の税額控除等の順序
　　　↓加算
相続税額の加算(2割)　配偶者又は一親等の血族以外の者
　　　↓控除
①暦年課税分の贈与税額控除
②配偶者に対する相続税額の軽減
③未成年者控除
④障害者控除
⑤相次相続控除
⑥外国税額控除
⑦相続時精算課税の適用を受けた贈与に係る贈与税額の控除

※国税庁パンフレット（相続税のあらまし）(https://www.nta.go.jp/taxes/shiraberu/sozoku-tokushu/souzoku-aramashih30.pdf）から引用・一部改変

相続税の納付

　相続税の納期限(申告期限)は、被相続人の死亡したことを知った日の翌日から10か月以内です。なお、納期限(申告期限)までに金銭で一時に納付することが困難な事由がある場合は、例外的に、一定の要件のもと、延納又は物納が認められています。

相続税の主な特例
～遺言・遺産分割においては節税対策を考えて～

　相続税の主な特例等としては、以下のものがあります。

(1) 小規模宅地等の特例
　被相続人又は被相続人と生計を一にしていた被相続人の親族の事業の用又は居住の用に供されていた宅地等がある場合には、一定の要件のもとに、相続税の課税価格に算入すべき価格の計算上、一定割合を減額するもの。

(2) 配偶者の税額軽減
　被相続人の配偶者の課税価格が1億6,000万円か、配偶者の法定相続分相当額までであれば、配偶者に相続税がかからないとするもの。
　想定外の相続税が課されないよう、遺言書の作成等にあたっては、このような特例等を考慮して、十分な節税対策をしておく必要があります。
　もっとも、巷では、さまざまな節税対策がインターネット上などを賑わしていますが、過度な節税対策は国税庁から否認され、かえって、依頼者の首を絞めることにもなりかねません。例えば、明らかに居宅であるのに、「●●建設」とか、「▲▲株式会社」などの看板が出ているのを高級住宅街などでよく見かけます。要は、小規模宅地等の特例のうち、特定居住用宅地等の限度面積を超える部分を、特定事業用宅地等の限度

面積で補完しようとするわけですが、その宅地を事業の用に供している実態がなければ、課税当局から否認されてしまいます。依頼者の中には、素人考えで無理な節税対策を求めたり、あるいは残念ながらグレーゾーンを可とする少数の税理士も存在するのも事実です。もちろん、依頼者の一番の関心事は、いかに相続税を安くするかにありますが、弁護士としては、法の専門家として、不法に助力することがないよう、依頼者に対し、節度のある節税対策を勧めるよう心がけましょう。

見落とすと怖い！
～名義預金・名義株の問題～

　相続税の税務調査で申告漏れが指摘される典型例として、「名義預金・名義株」があります。「名義預金・名義株」とは、子や孫の名義になっている預金・株式のうち、実質的には被相続人である親や祖父母のものと認定される預金・株式のことをいいます。

　実質所得者課税の原則により、これらの株式の実質所得者が被相続人であると認定されると、相続人は、多額の追徴税を支払うことになります。これを予防するには、遺産分割協議書などを作成するときに、当該預金ないし株式を名義預金ないし名義株と認め、それをあらかじめ被相続人の遺産として遺産目録に示しておくことです。特に、配偶者が専業主婦の場合や、被相続人が事業を行っていた場合は注意が必要です。遺産目録の作成の際には、被相続人名義のものだけでなく、配偶者や子どもの名義の形で被相続人の財産が残っていないか、十分な目配りが必要です。

【参考裁判例】
東京地判平成18年9月22日税務訴訟資料256号順号10512〔28130110〕
　「株式や貸付信託・預貯金等の帰属を認定するに当たっては、その名義が重要な要素となることはもちろんであるが、他人名義で株式の取

得・口座の開設をすることも、特に親族間においては通常みられることからすれば、株式購入や預入金の原資を誰が負担しているか、株式取得・口座開設の意思決定をし、手続を実際に行っていたのは誰か、その管理又は運用による利得を収受していたのが誰かという点もまた帰属の認定の際の重要な要素ということができ、実際に株式や貸付信託・預貯金等が帰属する者の認定は、これらの諸要素、その他名義人と実際に管理又は運用をしている者との関係等を総合考慮してすべきものと解される。」

> 体験談1

遺言者の意思と節税対策
～つきまとう推定相続人～

弁護士7年目　男性

　事案は、遺言書の作成依頼です。主な財産は自宅の土地建物で、夫が亡くなった後、依頼者はそこで1人暮しをしています。依頼者の相続人は、長女、二女の2人で、長女は大学生のときに家を出て現在も独身、二女は結婚し自宅近所に家庭をもっています。

　相談には、依頼者と長女が来ました。ところが、どのような遺言を残したいかという話になると、話をするのはもっぱら長女で、依頼者はそれを黙って聞いているような状態でした。

　長女は、小規模宅地等の特例のうち、特定居住用宅地等による減額について非常にこだわりをもっており、「私も退職したら住むところがないから、母さんと一緒に住めば税金が安くなるよ」「とりあえず私の住民票を自宅に置いておけばなんとかなる」などと述べて、しきりに自分に自宅を相続させるように依頼者をその場で説得するような状態でした。私は、特例上の同居親族あるいは一定の条件を満たす別居親族と評価さ

れるためには、一定の要件が必要であることを述べ、何よりも同居するかどうか自体、家族の問題でありよく話し合わないといけないと述べ、2人を一旦帰しました。

相談後、依頼者から電話が来ました。「本当は遺言なんて残したくない」「長女はこれまで全く家に寄りつかなかった。今更面倒を見てもらうつもりはない」「今まで世話になってきたのは近所の二女の方だ。それでも、遺言しなければならないのか」という話でした。

結局、依頼者の意思を尊重し、遺言は作られませんでした。税務対策に熱くなるのは、大抵は被相続人ではなく推定相続人の方ですが、本来の遺言の依頼者は、被相続人であるという基本を忘れないようにしなければならないと感じたエピソードでした。

> 体験談2

名義株・名義預金に気をつけろ

弁護士9年目　女性

父の会社の株式はホントに子どものもの？

事案はZ株式会社を経営していた被相続人Xの遺産分割の問題です。Xの相続人は、妻Y、長男A、長女Bの3人で、Yは、Xと結婚した当初から専業主婦でした。Z社は、株式の50％をXが有し、会社の経営を継いだAが25％、Y及びBが各々5％ずつ、その他第三者3人が5％ずつ保有していましたが、AとBとの間に感情的ないさかいがあり、私はY及びAの代理人として遺産分割調停を受任しました。

調停では、BはAがZ社株を相続することに異議はないとするものの、それとは別に自己名義の5％のZ社株の買取りを請求してきました。

そこで、Z社の株式名簿を調べたところ、Bは、Z社株を設立当初から保有しており、そのときにはBはまだ高校生であったことが判明しました。そこで、Xの個人事業主時代から父の仕事を手伝っていたAから事情を聞くと、少なくとも、XとA以外の（Y、Bを含む）各々5％5人の株主は、Zの法人成りの数合わせにすぎないとのことでした。平成2年改正前の旧商法165条では、株式会社の設立には7人以上の発起人がいることを要するとされていたため、XやAだけでは足りず、YやB、さらには当時の従業員やXの知人に名義を貸してもらったのが実態でした。

　実際、専業主婦であったYや当時高校生にすぎなかったBが株式払込金を拠出できるはずもなく、YやBが議決権を行使したことも配当がなされたこともなく、上記の事情からは、明らかな名義株であったため、調停では、B名義のZ社株については、Y名義のもの含め、Xの遺産に含まれることを主張し、結局、それを前提に話合いをすることになりました。

妻の預金はホントに妻のもの？

　他方、遺産分割調停の前提として遺産の調査をしていたところ、Xの通帳には、大きな金額がときどき引き出されていたり、Yの口座に直接振り込まれている履歴が散見され、Aに頼んでXの生涯収入をざっと計算したところ、残されていた預金があまりに足りないものでした。そこで、Yの通帳と照らし合わせ資金トレースをしたところ、概ねXの約15年分の収入に相当する金額がY名義の預金として貯蓄されていたことが判明したのです。専業主婦であり、年金収入しかないYにそのような金員を拠出できるはずがありません。そこで、このY名義の預金についても、実質Xの遺産であることを前提としたうえで、税法上の配偶者控除を利用できるYが相続することになりました。

気がつかないと怖い名義株・名義預金

　結局、XがZ社から借り入れていたとされる債務をAが承継することと、Z社株について適切な株価評価を行い、相応の代償金をAがBに払うことで、遺産分割調停は成立しました。
　しかし、本件では、Z社株にも相応の価値があり、Y名義の預金も、極めて高額であったため、気がつかなければ、遺産分割に重大な影響を与えるだけなく、相続税申告においても、多大な申告漏れが発生するところでした。
　実務的には、遺産の調査をする際には、家族などの名義になっていたとしても、実質は被相続人に帰属する財産ではないかということについて、十分に留意する必要があることを、再認識した事件でした。

> 体験談3

相続財産の評価基準

弁護士5年目　男性

遺産分割のご相談

　事案は、被相続人Xの遺産分割でした。
　被相続人Xの配偶者と2人の息子のうち二男はすでに亡くなっていて、かつ長男が相続放棄したため、二男の子AとBが代襲相続により相続人となりました。相続人Aから別事件を受任していた関係で、今回、本件遺産分割に関するご相談を新たに受けたというものでした。
　生前の被相続人Xの財産は、成年後見人が管理を行っていたこともあり、被相続人Xの遺産は、不動産（山林）、預貯金、及び約5,000万

円の貸付金債権であると把握することはスムーズでした。また、これらの相続財産については、不動産（山林）は相続人Bが相続し、その他の相続財産は、法定相続分に従い分配することに相続人間に争いはなく、遺産分割協議書の内容は何事もなく確定しました。

はたして貸付金は回収できるのか

　他方で、そもそも当該貸付金債権は、実際に回収可能なのか少し気がかりでした。というのも被相続人Xの成年後見人によれば、債務者Yは、定職に就いておらず、生活保護を受給していると聞いていたからです。
　そのため、当該貸付金債権の金額こそ高額であるものの回収可能性は乏しく、当該貸付金債権の現実的な資産価値はゼロではないかということが想定されました。また、相続税の申告の要否を検討する観点からも、仮に当該貸付金債権がゼロ評価であれば、その他の相続財産の課税価格の合計額は、遺産にかかる基礎控除額の範囲内であったため、相続税の申告は不要と考えられました。

貸付金債権の評価方法は？

　そこで、相続税等の課税価格計算の基礎となる財産の評価に関する基本的な取扱いを定める「財産評価基本通達」に従い、どのような事情があれば、貸付金債権がゼロ評価となるか、税理士にも相談しながら検討しました。
　結論、債権金額の回収が不可能又は著しく困難であると見込まれる場合には、貸付金債権の元本価額に当該貸付金の金額を算入する必要がない、すなわち相続開始時点で、当該貸付金債権の資産価値はなく、ゼロ評価できると考えられました（後掲の財産評価基本通達204・205参照）。

回収可能性がないと評価できるのか

　さっそく債務者Yに対して、当該貸付金の返済に関するレターを作成し、連絡をとりました。その結果、債務者Yは、高齢であること、重度の糖尿病を患い就労不能であること、生活保護を受給していて、持病が原因で生活保護から脱し就労して弁済することは困難な状況であることがわかりました。債務者Yには、医師による診断書及び保護受給証明書等の資料も提供してもらい、弁済能力がないことの徴憑をあわせて確認しました。

　以上の事情から、当該貸付金の回収は不可能であり、当該貸付金債権はゼロ評価となるため、本件について相続税の申告は不要と判断しました。税理士も同じ見解であり、仮に申告するとの実務的判断をした場合であっても、税理士法33条の2の添付書面に回収不可能との評価にかかる判断を事実認定をもとに説明すれば、税務当局側がその評価を否定する可能性も低いだろうとの見解でした。

　その後、本件遺産分割協議は成立し、事件対応は終了しました。

参　考

（財産評価基本通達204）

　貸付金、売掛金、未収入金、預貯金以外の預け金、仮払金、その他これらに類するもの（以下「貸付金債権等」という。）の価額は、次に掲げる元本の価額と利息の価額との合計額によって評価する。

(1) 貸付金債権等の元本の価額は、その返済されるべき金額
(2) 貸付金債権等に係る利息（208《未収法定果実の評価》に定める貸付金等の利子を除く。）の価額は、課税時期現在の既経過利息として支払を受けるべき金額

（財産評価基本通達205）

　前項の定めにより貸付金債権等の評価を行う場合において、その債権

金額の全部又は一部が、課税時期において次に掲げる金額に該当するときその他その回収が不可能又は著しく困難であると見込まれるときにおいては、それらの金額は元本の価額に算入しない。（平12課評2-4外・平28課評2-10外改正）（以下略）

> 体験談 4

相続税の連帯納付義務

弁護士7年目　男性

大変だった遺産分割協議

相続人が6人おり（うち1人の方から依頼を受けました）、それぞれ皆さん癖のある方々でした。兄弟仲も悪く、何十年と口もきいていないような状況でした。また、相続財産も不動産10筆を含めかなりの額の財産がありました。当然、遺産分割協議は難航し、相続税の申告期間内では協議はまとまらなかったため、当方側では延納手続をとっていました。2年におよぶ遺産分割協議調停を経てようやく合意に至りました。

相続税の申告

ようやく遺産分割協議も成立し、諸々の手続を済ませ、最終的な納税手続を行いました。相続人全員そろって申告手続を行うことなどできず、当方の依頼者が相続した分だけを申告して納税を行いました。本当に大変だった遺産分割協議事件も、これでやっと終件したと思っていました。

ところが、納税を済ませた約1年後に、元依頼者のもとに税務署から

通知が届きました。内容を確認すると、他の相続人の1人が相続税の納税を行っていないとのことで、元依頼者も連帯納付義務があるため、延滞税も含めて納税しなさいとの通知でした。

クレームに

元依頼者からは、当然のごとく「なんでうちが払わなければいけないのか！」とクレームが入りました。こちらでは、滞納している相続人の元代理人へ連絡しましたが当人と連絡がつかないとの返答があり、直接連絡しようにも連絡先がわからず、延滞税も日々加算されていくのでまずは納付したうえで求償請求することにしました。

私としては、相続税の申告・納税の部分については全く関わっていなかったので正直この点について文句を言われてもという思いはありました。他方で、これだけ癖の多い方々が集まり、まとまって申告ができないことが明らかな状況ではあったので、相続税の連帯納付義務についても頭の片隅に入れて、遺産分割調停時にその点の配慮しながら協議を進めておけばよかったなと思われる案件でした。

相続人全員にそれぞれ代理人が就いていたのですが、税金の話は誰からも出なかったので、やはり弁護士は税金については忘れがちになってしまうものなんでしょうか……。

ワンポイントアドバイス

相続税対策話に安易に飛びつかない

資産家は、相続税対策等としてさまざまな勧誘を受けることがあるようですが、失敗事例も多いようです。以下では、過去の生じた代表的な

失敗例を中心に紹介します。

(1) 制度改正で従前有効だった相続税対策が無駄になった例

　昭和63年法律第109号による改正前の相続税法では、相続税の基礎控除や生命保険料控除・死亡退職金の控除額に算入できる養子の数に制限がなかったので、相続税対策で多数の人と養子縁組をする例がみられました。ところが、昭和63年法律第109号による相続税法改正で算入できる養子の数が制限されたことから、こうした養子縁組は無駄になり、むしろ、紛争の要因になりました。このように、制度改正で、従前有効だった相続税対策が無駄（むしろトラブルのもと）になることがあります。

　近時の例では、相続税対策としてタワーマンションの購入が広く行われていました。これはマンションの場合、建物の固定資産税評価額と敷地の路線価を各戸の床面積で按分して相続税評価額を計算するので、敷地面積に対して床面積の割合が大きいタワーマンションは相続税評価額が割安になる（時価の1～2割になる例もあったようです）ことから、現預金を残すよりタワーマンションを購入して相続財産とした方が相続税対策になるというものでした。実際に相続税の大幅な減額に成功した例もあったようですが、時価と相続税評価額の過度な乖離は納税者間の公平を損なうものとして問題視され、令和6年1月1日以後の相続、遺贈又は贈与については、建物の築年数や総階数、所有物件の所在階及び敷地持分狭小度に基づいて、相続税評価額を時価に近付ける補正がなされるようになりました。タワーマンションは管理費が高額であることが多いので、保有しているだけで経済的に負担になる可能性もあります。よって、相続税対策でのマンション購入は将来の思わぬ負担になる可能性もあります。

(2) 相続開始時までに経済情勢が変わる可能性

　借入れをすれば相続の際に債務を控除できるので相続税対策になるとして、借入れと資産の組替えを組み合わせるスキームは以前からさまざ

まなものが考案されてきました。しかし、この種のスキームは、前提とする経済条件の変化によって借入金が返済できなくなるリスクがあります。

例えば、バブル期には、不動産を所有する資産家を対象に、不動産に抵当権を設定し借入れをさせたうえで、借入金で変額保険に加入させ、変額保険の運用益で借入金を返済させるというスキームが流行しました。死亡保険金には生命保険料控除が適用される一方、借入金は相続財産から控除されるので相続税対策になると当時は考えられていました。しかし、バブル崩壊で、株価が暴落したため、変額保険の運用成績も大きく落ち込み保険の運用益からの返済ができなくなり、他方で、不動産価格も暴落して担保割れをしてしまい、相続税対策どころか借金だけが残ってしまう悲劇が多数起こりました。スキーム策定時は株価や不動産の暴落は想定されていなかったのです。

最近でも、不動産を所有する資産家に、遊休土地に建築資金を借り入れてマンション・アパートを建てれば相続税対策になる、賃料収入で返済できるなどと勧誘されて実行したところ、マンション・アパートの賃料収入が思ったよりも少なく借入金の返済ができなくなるといった、変額保険と類似の事例がみられるので注意する必要があります。

(3) 新制度の使い勝手が悪い場合

相続税対策になる新制度として制度導入時に話題になりながら、使い勝手の悪さからあまり利用されなくなった制度もあります。

平成21年に、中小企業における経営の承継の円滑化に関する法律（以下、「中小企業経営承継円滑化法」といいます）の目玉として、後継者が相続等により取得した自社株の80％に対応する相続税の納税を猶予（最終的には免除）する制度が設けられました。しかし、この制度では、当初は、相続税の申告期限から5年間雇用の8割を維持することが要件とされ、これに違反すると適用が打ち切られ、猶予された相続税に利子税を払わなければならないことになっていました。具体的には従業員4人の会社は3人になった時点で適用が打ち切られてしまいます。こ

の要件は厳しすぎるということで平成30年の改正で要件が緩和されましたが、その間にこの制度に飛びついて痛い目にあった例もあるようです。

　また、平成25年4月に施行された子や孫への教育資金の一括贈与制度（子や孫へ教育資金を贈与する場合、1,500万円までなら贈与税が非課税となる制度）は、早期に推定相続人に無税で資金を移動することで相続税対策になるとして一時爆発的な人気を集めました。しかし、この制度を利用するには、贈与資金を金融機関に信託する必要があり、信託した資金を教育資金に利用するには領収書の確認等の面倒な手続が必要なので、実際にこの制度を利用した場合、信託した財産を教育資金に利用せずに塩漬けになっている例も多いようです。

(4) 最後に

　このように、相続問題は対策開始から相続まで時間があることが多く、その間に経済情勢が大きく変化することもあり、制度が改正される可能性もあります。また、一見有利な新制度にも思わぬ欠点が後からわかることもあります。よって、目先の相続税額の減額のみにとらわれたアドバイスをすると、後から思わぬ見込み違いが生じることがあります。

　加えて、相続税対策のために資産を組み替えていった結果、マンションや金融商品が増えて財産が複雑になり、財産管理の手間が増え、結局は相続人の負担が増えてしまうケースがしばしばみられます。相続税対策は、やればやるほど財産が複雑になり、財産管理をめぐるトラブルの種が増えるという側面もあります。

　相続税を少しでも安くしようと躍起になる方もいますが、将来の管理コストも含めた長期的かつ実質的な費用対効果という視点は頭に入れる必要があります。

Method 18 国際相続関係

▶ 国際相続は他人事ではない

——国際結婚も目新しくなくなった昨今においては、国際相続も珍しくない。加えて、海外に移住する日本国籍保持者も増え、日本にいながら海外の不動産等の財産を保有するケースもある。相続はドメスティックなイメージがあるが、国際化の影響を多分に受けている。

本 Method では、相続人が国外にいる場合（国籍が異なる場合）、海外に相続財産がある場合に関しての注意点などに触れることにする。

被相続人又は相続人が外国籍の場合

被相続人や相続人が外国籍の場合、はじめに、どこの国の法律に従って遺産分割や相続登記を行うのか準拠法を考える必要があります。法の適用に関する通則法 36 条をみると「相続は、被相続人の本国法による」と規定しており、相続に関しては亡くなられた方の本国法に従う必要があります。もっとも、反致（同法 41 条）によって、日本法が適用されることもあります。

相続人が海外にいる場合

　相続人が海外にいる場合は、遺産分割協議書を作成したり、協議書に基づいて所有権移転登記等をしたりする際に必要な書類が日本国内のみの相続と異なります。

(1) **サイン証明書**
　サイン証明書（正式には「署名証明書」）とは、海外に在住している人向けに外務省が発行する証明書のことをいいます。海外においては、日本のように印鑑文化がなく、その代わりにサインを用いていることから、印鑑証明書が必要となる書面を作成する際には、印鑑証明書の代わりにサイン証明書が必要となります。
　サイン証明書は、現地の在外公館に出向くことで取得することができます。方式としては、手数料を支払い、在外公館にて領事の面前にてサインを行い、そのサインが確かに本人のものであるという証明を受けるといったものになります。

(2) **在留証明書**
　在留証明書とは、海外に居住している日本国籍を有している人がどこに住所（生活の本拠）を有しているか、あるいは当該国内での転居歴（過去、どこに住んでいたか）を証明する書面のことをいいます。
　サイン証明書と同様に現地の在外公館に行って申請して取得することになります。

相続財産が海外にある場合

　日本は、相続に関して動産と不動産とを区別しないという考え方（相続統一主義）を採用していますが、海外には、不動産の相続については動産と異なり、不動産所在地の法律によって処理するという考え方（相

続分割主義)を採用している国(アメリカやイギリス等)もあります。

　例えば、日本国籍を有している人がアメリカで不動産を残して死亡した場合、相続自体の準拠法は日本法ですが、上記の考え方により、アメリカにある不動産に関しては、現地法が適用されることになり、アメリカの法律(各州の法律)に従うことになります。

　一時期、ハワイにあるリゾートマンション(コンドミニアム)の所有権を取得するのがブームになったことがありました。被相続人がコンドミニアムの所有権を保有しているような場合には、特に注意が必要です。

　アメリカでは、遺言の有無や、相続人間の争いの有無に関わらず、原則として全ての相続手続が、裁判所が関与する遺言検認手続(Probate)の申立てを得る必要があります。

　遺言検認手続(Probate)が申し立てられると、裁判所は、遺言がある場合は遺言の定めに基づいて遺言執行者(Executor)を、遺言がない場合は、通常は相続人の中から遺産管理人(Administrator)を選任します。遺言執行者や遺産管理人は、相続人や相続財産・相続債務を調査したうえ、相続債務の支払いや税金の申告・納税を行い、残った残余財産を法定相続人や受遺者に分配します。

　しかし、それらの手続を行うには多額の金銭が必要なため、信託(Living Trust)か、死亡時承継人指定登録(Transfer on Death Deed＝TODD)を利用し、遺言検認手続(Probate)の利用を回避するのが一般的とされています。

　上記のとおり、海外に不動産を所有する場合には、死亡前の対策がより重要になります。

体験談 1

妻がフランス人・子が二重国籍

弁護士 10 年目　女性

夫が相続した財産の登記

　被相続人の妻がフランス国籍で 2 人の子どもがいた事例です。
　被相続人（夫）は、亡くなる直前に遺贈によりアパートを被相続人の妹と 2 分の 1 ずつの持分で譲り受けていました。被相続人の相続人は、妻とその 2 人の子でしたので、特に問題はないかと思いました。
　問題があるとすれば、子のうちの 1 人が未成年であったため、被相続人の妻が 1 人で不動産を取得しようとすると、未成年者の親権者として子の代理人になることは、利益相反にあたることから特別代理人を選任して遺産分割協議をする必要がある点でした。ただ、被相続人の妹も、依頼者も、すぐにアパートを売却する必要はなく、賃料収入を得てしばらくアパートを維持するということで意見は一致していました。また、被相続人の妹は、早く遺贈により登記を移転してほしいとのことだったので、被相続人の妹に遺贈を理由として登記を移転させ、被相続人の妻とその子 2 人が相続した被相続人の持分については、法定相続分で相続登記を行い、未成年の子が成年に達したらあらためて遺産分割協議を行うことになりました。
　その際、被相続人が亡くなった際の被相続人の住所地がフランスであったため、被相続人の最後の住所地と子らの住所地がつながらないことが問題となりましたが、フランスの死亡証明書に記載されている住所で登記をすることで、この問題を解決することができました。
　しかし、その後すぐにそのアパートを売却することとなりました。ここで、被相続人の妻も子らもフランス国籍を有していたため、準拠法が

どうなるかが問題となりましたが、不動産の売却については、当該アパートが日本に所在することから、日本の民法が適用される（法の適用に関する通則法8条3項）ことで問題はないと考えられました。

また、子の1人が未成年であったため、行為能力についても準拠法が問題となりました。行為能力についての準拠法は、フランス法によることになるとも考えられ（法の適用に関する通則法4条1項）、フランス法では、親権者の同意があっても不動産の売却ができないようになっているようでした。なお、フランス法では当時も18歳で成年となるようでしたが、当時はまだ18歳にも達していませんでした。

もっとも、今回の事例では、子は2人ともフランス国籍と日本国籍の双方を有していたため、日本国籍を有しているものとして日本法の適用ができるのではないかとも考えられます。そこで、司法書士と相談をして法務局に相談に行ったところ、今回の場合、日本法を準拠法とすることで問題がないとの回答でした。

その他にも被相続人の妻が日本国籍を有していなかったことから日本での戸籍がなく、被相続人の妻と未成年の子らとの親子関係を示すための出生証明書が必要でした。これは子の出生地で取得することができるので、フランス本国にインターネットを利用して取り寄せてもらいました。そして、この出生証明書を全て和訳しなければならなかったため、依頼者にとりあえず和訳してもらい、法律的な表現を私が加筆修正して法務局に提出しました。こんな和訳で大丈夫かなと不安に思いましたが、そこは意外と何も指摘されませんでした。

今回の場合、子が日本国籍も有していたことから戸籍等を日本で取得することができ、相続関係の証明は特に難しくありませんでしたが、他方、日本に住んでいなかったことから、住所をどうするかなどの点には苦労しました。

成人すると国籍をすぐに選択しなければならないのかと思っていましたが、そこは特に何も言われなければそのまま二重国籍のままでいられるようです。

> 体験談2

海外にいる相続人

弁護士10年目　男性

　相談者は相続人の1人ですが、被相続人である亡父から、前妻との間に子どもがいることを生前に聞かされていました。
　ただし、異母兄弟がどこにいるかは聞かされておらず、遺産分割協議をどのように行えばいいかわからないということで相談に来られました。
　受任をして被相続人の戸籍をひととおり取り寄せたところ、確かに被相続人には前妻との間に子どもがいることがわかりましたが、その戸籍の附票を取り寄せると、同人は海外に移住し、日本に住所を有していないことが判明しました。
　したがって、戸籍の附票から同人の住所を調査することができず、同人と連絡をとるにはなんとかして別の方法で同人の住所を調べる必要がありました。
　日本人が海外に住所を移す場合、旅券法16条により、その住所又は居所を管轄する日本の大使館又は総領事館（在外公館）に「在留届」を提出する必要があり、この届出をしたことは住民票に記載されます。
　この在留届の内容について外務省の担当部局に弁護士会照会をかけることにより、本件の相続人が海外に住んでいる場所を調査することができ、手紙を送付して連絡をとることができました。
　その後、相続人間の協議がまとまり、遺産分割協議書を取り交わすことになりましたが、相続財産の中には不動産が存在しており、そのうちの一部を海外在住の相続人が相続することとなりました。
　不動産登記のためには、遺産分割協議書に各人の実印を押印して印鑑証明書を添付することが通常ですが、海外在住の相続人には印鑑登録がありません。
　そこで、海外に在住の相続人からは、居住する地域の領事館からサイ

ン証明書という印鑑証明書に代わる書類を発行してもらい、遺産分割協議書の締結を行いました。

このサイン証明書は、遺産分割協議書へのサインを領事の面前で行ってもらい、領事館発行の証明書と綴り合わせて割印を行う形式のものでした。

また、上記のサイン証明書とは別に、海外在住の相続人に在留証明書を取得してもらう必要がありました。この在留証明書もサイン証明書と同様、現地大使館や総領事館で取得してもらいました。

なお、一部の在外公館では印鑑証明書も取り扱っているようであり、これが利用できる場合には印鑑証明書で足ります。

> 体験談3

オランダに物件！？

弁護士8年目　男性

ただの遺産分割じゃあない

始まりは、数年前の夏、夕方に飛び込みで入ってきた法律相談でした。依頼者は開口一番、「先生、さっき兄貴の相続で調停に行ってきたんですが、お金を払わないといけないんですか？」とのこと。事情がわからないので聞いてみると、依頼者には兄がおり、このたび亡くなったため相続が発生したとのことでした。依頼者は4人兄弟の4番目、亡くなったのは2番目の兄（以下、「二男」といいます）でした。

話を聞いてみると、二男と依頼者は、生前も懇意にしており、依頼者が行っている事業について、二男も一部協力しようとしていた矢先に亡くなったとのことでした。他方、長兄と3番目の兄（以下、「三男」と

いいます）はお互い折り合いが悪く、十数年没交渉状態であったとのことでした。

ここまで聞いていると、ある程度一般的な相続の話で、若干会社が絡んでいる可能性がある程度だったのですが、その後の話を聞いて若干面食らいました。

「先生、兄貴（＝二男）が住んでいた家がオランダにあるんですが、これを私がもらったら、ほかの兄貴たち（長兄、三男）にお金を払わないといけないんですか？」

ええ！？ オランダに物件があるんですか？

不動産を取得したい依頼者のために

そして、さらに厄介なことに、依頼者は当該オランダの物件について、これを取得したい意向をもっていたのです。というのも、依頼者は日本国内で茶葉の販売をしており、生前に二男との間で、二男の住んでいる不動産を足掛かりとして、オランダでも茶葉の販売事業を始めようとしていたためでした。

そのために依頼者は、年に複数回オランダに渡っており、簡単な市場調査等も始めていたことから、二男が亡くなった後も計画を進めていきたい意向をもっており、そのためにも当該オランダの物件を手に入れたいとのことだったのです。

しかし、長兄と三男の意向は違いました。長兄と三男は特にそのような事業を行っているわけではなく普通の会社員であったため、当該オランダの不動産を相続したいという意向もなく、むしろ売却してお金になるのであれば、お金がほしいという意向でした。そうすると、検討するのは代償分割です。

オランダの物件の難しさ

　しかし、依頼者に対して簡単に代償分割はどうか、と考えたとしても、そんなに簡単な問題ではありませんでした。
　そもそも、オランダの物件を取り扱っている不動産業者が日本国内に数少なく、日本で行っている不動産取引のように、「無料査定」というものを行うことができないのです。
　日本の不動産業者も、オランダに提携している会社があるため、その会社に連絡をし、売却のための手はずを整えることはできるのですが、金額の査定の資料を送ってもらうためには費用と時間がかかるとのことでした。
　また、そもそもの問題点として、オランダの土地は基本的に国等の公的なサイドが所有権を有しており、私人が土地所有権をもたないため、オランダで不動産の所有権というと建物を想定していると考えられるところ、土地上の不動産の賃借権がどうなるのか、外国人がオランダ国内の不動産を有することができるのか、共有することができるのか等を調査確認する必要が生じました。
　結局、さまざまな文献、サイト等をあたってみたところ、オランダで所有権を得ることは外国人にも制限はなく、日本国内に居住する日本人が有することも可能であるが、登記制度上共有登記ができるのかどうかについては、さらに調査確認が必要になりました。登記制度自体は、ドイツと同様、権利登記制度（System of Registration of Title）をとっています。

案件処理の結末

　ただ、そこまで調べたところで、外国人でもオランダの物件を購入することができるとすれば、必ずしも現在問題となっている不動産の代償分割をするために査定の費用を支払い、その後長兄と三男に対して代償

をするまでもなく、より適切な物件の購入を検討したいとの依頼者の意向により、換価分割の手続がとられることになりました。依頼者からはその後、資金調達の関係で相談を受けておりますが、うまく海外で事業展開してほしいところです。

> **ワンポイントアドバイス**

在留外国人を被相続人とする相続が発生した場合の準拠法

　在留外国人を被相続人とする相続が発生した場合に、日本の相続法を準拠法とすることができるかが問題になります。日本国内には、在日韓国人・朝鮮人等、生活の本拠を日本に置き、日本人と変わらぬ生活をしている在留外国人もいるため、普段渉外案件を扱わない弁護士であっても、いつ遭遇しても不思議のない問題です。

　この点、相続については、被相続人の本国法が準拠法となります（法の適用に関する通則法36条）。よって、被相続人の住居地・遺産の所在地を問わず、本国法（韓国籍であれば韓国法）が適用されます。ただし、被相続人の本国の国際私法によれば日本の法律が適用されるという関係にある場合は、日本法が適用されます（法の適用に関する通則法41条（反致））。例えば、韓国法については反致は生じないので韓国の国際私法により日本法が準拠法になることはありませんが、北朝鮮法について反致が生じるかについては争いがあります（詳細は司法研修所編『渉外家事・人事訴訟事件の審理に関する研究』法曹会（2010年）159頁等を参照してください）。

　ただし、遺言については、在留外国人でも日本法の方式の遺言を作成しても形式上は有効です（遺言の方式の準拠法に関する法律2条）。そして、遺言で準拠法を指定することができると定めている国もあります。

例えば、韓国の国際私法では、死亡時までに日本に常居所がある韓国人が、相続は日本法によると明示的に指定した場合は、日本法を準拠法とすることができる旨定めています。よって、在日韓国人でも、遺言を作成することで日本法を準拠法にすることができます。つまり、準拠法の選択が可能です。日本法と韓国法では、①配偶者の法定相続分、②相続人の範囲、③代襲相続人の範囲、④遺留分侵害額請求権者の範囲及び遺留分、⑤廃除制度の有無等の違いがあるなど、各国によって相続法制に違いがあるので、どちらが有利か見定めて、準拠法を選択する必要があります。

Method 19 | 金融機関対応

金融機関はどこまで対応してくれる？

——被相続人が銀行等に対する預貯金債権を有していたり、貸金庫を利用していたり、貸金債務又は連帯保証債務を負っていたり、金融機関と何らかの取引をしているケースが大部分であると思われる。預貯金債権等については平成30年民法改正による払戻し制度等の運用が開始されているものの、金融機関における各種相続手続は各金融機関が定める手続内容に従うこととなる。相続手続は金融機関共通といえるものもあれば、金融機関ごとに異なるものもある。

そこで以下では、多くの金融機関に共通する手続を説明したうえ、相続人間の足並みがそろわず金融機関が求める手続を行うことが困難な事案を、体験談を通じて検討する。

預金債権について

まず、金融機関は、戸籍、除籍等の提出を求めたり、遺言書の存否や遺産分割調停・審判や遺産分割協議の有無、相続放棄や相続欠格、廃除について聴取したりすることにより、当該預金債権を誰がどの割合で承継するのか確認することとなります。

遺言書が作成され、遺言執行者が定められている場合には、金融機関は遺言執行者からの払戻請求に応じることとなります。逆に、遺言執行者が定められていない場合、当該預金債権の承継者の単独の払戻請求に応じる場合もあれば、法定相続人全員の同意まで求める場合もあります（あくまで、金融機関ごと、事案ごとの対応になってくるものと思われます）。

遺言書が存在しない場合、金融機関は、遺産分割調停・審判又は遺産分割協議の成否を確認します。これらが成立している場合、金融機関は当該預金債権の承継者の単独の払戻請求に応じるケースがほとんどであると思われます（ただし、遺産分割協議書については、各相続人による押印が実印によるものか、印鑑登録証明書の確認を求めてくることもあります）。

遺言書が存せず、遺産分割調停・審判、遺産分割協議も成立していない場合、金融機関は、原則として相続人全ての同意がなければ、払戻しには応じないこととなりますが、ただし、平成30年民法改正により、預金の払戻し制度及び仮分割の仮処分要件の緩和があり、法定額もしくは裁判所が認めた金額については払戻しを受けることが可能となりました。

貸金庫について

被相続人が生前に金融機関の貸金庫を利用していたケースも少なくないものと思われます。

法律的には、貸金庫契約は貸金庫ないし貸金庫内の空間を利用者に貸すという賃貸借契約と解されていることから、利用者である被相続人の死亡により、各相続人が貸金庫契約上の地位（賃貸人の地位）を準共有することとなります（なお、利用規約において、利用者の死亡を解約事由と定めている金融機関も多いと思われます）。準共有である以上、各相続人は「保存行為」は単独でできることとなりますが、「変更」「管理

行為」までは単独ではできないこととなります（民法264条、251条、252条）。

　相続人が貸金庫の内容物を引き取ることは、「保存行為」とはいえず、「変更」にあたると解されていることから、金融機関は相続人全員が立ち会ったうえで、内容物を引き取ることを求めてきます。金融機関は貸金庫内に何が収容されているのか把握していないため、後に他の相続人とのトラブルを防止する趣旨からも、一部の相続人だけによる内容物の引渡請求に応じることはほとんどないと思われます。

　ただ、実際の事案では、相続人相互に不信感があり、貸金庫の開扉について足並みがそろわないケースも多々存在します。このようなケースでの対応については、体験談2をご確認ください。

貸金債務・連帯保証債務の扱いについて

　被相続人に住宅ローンが存する場合、被相続人が中小企業の代表者で金融機関に当該企業の債務を連帯保証している場合等、被相続人が金融機関に対する債務を負担しているケースも多く存在します。

　貸金債務・連帯保証債務は、被相続人の死亡により、各相続人が当然に法定相続割合に従って相続することとなります。相続人間で「○○銀行に対する負債は全て××が相続する」旨の遺産分割協議がなされることが多々ありますが、このような場合であっても、相続人××が単独で債務全額を負担するためには債権者である○○銀行の同意が必要となり、○○銀行が同意しない場合は、各法定相続人が法定相続割合で負担することは避けられません。

　ただ、現実には、当該住宅に居住している相続人だけに住宅ローンの残債務を負担させたい、当該中小企業の経営に関与している相続人だけに連帯保証債務を負担させたい、というニーズは多く、事情に応じて金融機関が免責的債務引受や連帯保証の免除に応じてくれるケースもそれなりに存在します。平成29年法律第44号による民法改正により、免責

的債務引受については、債務者の同意がなくても、債権者と引受人となる者の合意だけで成立することとなりましたので（改正民法472条2項）、今後は免責的債務引受が利用しやすくなるものと思われます。

金融機関とのやり取りの具体例については、体験談3をご確認ください。

体験談 1

一部相続人による預金払戻しの最高裁判例の影響

弁護士 10 年目　男性

本最高裁判例の内容

　金融実務に大きな影響を与える最高裁判例（最大決平成28年12月19日民集70巻8号2121頁〔28244524〕、最一小判平成29年4月6日判タ1437号67頁〔28251145〕）が相次いで出されました（以下、両者をあわせて「本最高裁判例」といいます）。本最高裁判例の内容を簡単にまとめますと、①共同相続された預貯金債権は、相続開始と同時に当然に相続分に応じて分割されるものではない、②共同相続された預貯金債権は遺産分割の対象となる、③共同相続された預貯金債権について、相続人は共同して払戻しを求めなければならず、単独で払戻しを求めることはできない、というもので、共同相続された預金債権は可分債権であるから、相続開始により当然に分割されて、各共同相続人が相続分に応じて権利を承継すると解する、いわゆる当然分割承継説を正面から否定する内容となっており、本稿執筆時点では同判決に従った金融実務が定着しているといってよい状況だと思います。

本最高裁判例が出た後は、扱いが厳しくなった……

　本最高裁判例が出された後、3人兄弟の長男のEさんより依頼を受けました。Eさんによると、母親が亡くなり、遺産は丙銀行に対する120万円の預金債権だけである、相続人は兄弟3人だけである、ただ兄弟は二男Fさんは協力的だが、三男のGさんは非協力的であるとのことです。Eさんとしては、生活の苦しいFさんが相続分40万円を早く取得できるようにしてほしいとのことでした。

　そこで、私は、Gさんに連絡をとり、払戻請求に協力してほしい旨依頼しましたが、Gさんは感情的な理由からこれを拒絶しました。

　本最高裁判例が出される以前、私が銀行に相続人単独の払戻請求を求めたことがありました。当初、銀行は、当然分割承継説自体は理解しているものの、金融実務として、相続人全員の同意がなければ払戻しに応じることはできない、とのことでしたが、その後の交渉が奏功して、単独での払戻しに応じてもらえたことがありました。

　そのため、私は、丙銀行に対して、一定の金額であれば相続人の単独の払戻請求にも応じるような運用を行っていないのか確認しましたが、現時点では上記のような運用（いわば救済策）は考えていないとのことでした。

　丙銀行の担当者の話をまとめると、従前は当然分割承継説を前提としつつも、二重払いを防止するために相続人全員の同意を求めるという、いわば金融機関が定める「運用」を行っていた、そのための金融機関が自らの判断で上記「運用」を行わないとしても、それは二重払いのリスクを金融機関が負うと判断したものと説明することができ、法令違反という問題までは生じなかった、しかし本最高裁判例で上記①ないし③の判断がなされた以上、金融機関の判断で、一部相続人の払戻請求に応じることは最高裁判例を無視することとなり、法的な問題が生じてしまう、ということのようです。

　その後、平成30年民法改正により、遺産分割前であっても、預金の払戻し制度が創設され、相続開始時の預貯金債権の額×3分の1×当該

相続人の法定相続分であれば払戻しが可能となりました（※1つの金融機関につき150万円が上限。当該払戻しは、遺産の一部分割と扱われます。民法909条の2）。また、遺産分割の審判又は調停の申立てがあることを前提に、預金の仮分割の仮処分制度の要件緩和がなされ、相続債務の弁済や葬儀費用等の支弁等のために、前記払戻し制度を超える金額の払戻しも可能となりました（家事事件手続法200条3項）。

改正後は、預金債権に対するの従前の悩みは減少したかもしれませんが、それでも本最高裁判例の影響力は金融実務にインパクトを与えていることに変わりありません。

体験談2

貸金庫には何が入っているの？

弁護士7年目　男性

貸金庫ってどういうもの？

私が弁護士登録してすぐの頃、事務所のボス弁が銀行から借りている貸金庫に、依頼者の通帳等を預けたことがありました。

貸金庫を利用すること自体が初めてであった私は、若干緊張しながら、ボス弁と銀行の支店に出向きました。そして、私とボス弁は、窓口で手続をした後、銀行員に連れられて貸金庫室まで行き、銀行員に貸金庫室の扉を開けてもらいました。貸金庫室内に入ると、まるで大きな団地の郵便受けのような形で無数の貸金庫が設置され、貸金庫番号がそれぞれに付されていました。

貸金庫には2つの鍵穴があり、1つの鍵を銀行が、もう1つの鍵を賃借人であるボス弁が保管しています。私たちは、それぞれの鍵を用いて

開錠し、貸金庫の扉を開きました。

扉を開くと、中には保護ボックスと呼ばれる、鉄製の箱が入っており、ボス弁が貸金庫から保護ボックスを取り出したところで、銀行員は貸金庫室から立ち去りました。ボス弁は依頼者の通帳等を保護ボックス内に収納した後、保護ボックスを貸金庫内に戻し、銀行員を呼びました。ボス弁は、自ら保管する鍵で貸金庫に鍵をかけた後、銀行員に貸金庫の鍵をかけてもらいました。そして、ボス弁と私は、銀行員とともに、貸金庫室から退室しました。

ボス弁によると、さまざまな形態の貸金庫があるものの、銀行は貸金庫室への立入りや貸金庫の開扉には関与するが、利用者が貸金庫内に何を収納するかについて関与しないという点は共通であるとのことでした。そのため、相続の事案では、契約者である被相続人以外に貸金庫内の内容物を把握している者が存在しないことが多く、相続人が開扉してみたら金の延べ棒が収納されていたという事案もあるとのことでした。

貸金庫の内容物を引き取りたい！

その3年後、Aさんから相続に関する依頼を受けました。Aさんの父親が亡くなり、Aさんの母親、Aさん、Aさんの弟、妹の4人が相続人という事案です。相続人間で大きな対立はありませんでしたが、弟や妹が遠隔地に居住していて、かつ、相続自体に不熱心であり、相続手続が思うように進まないので、どうにか手続を早く進めてほしいという依頼でした。

私が被相続人の資産調査を進めたところ、被相続人は、B信用金庫の貸金庫を利用していたことが判明しました。そこで、私は、B信用金庫に対して、被相続人が死亡したため、貸金庫の内容物を引き取りたい旨を告げましたが、B信用金庫からは、引取りには相続人全員の立会いが必要であるとの回答がありました。

B信用金庫の説明では、貸金庫の内容物は亡くなった被相続人しか知

り得ないため、後に他の相続人から「○○があったはずだ」「××を持って行かれた」等と言われるトラブルを避けるため、相続人全員に立ち会ってもらう必要があるとのことでした。法的には、B信用金庫に対する貸金庫の内容物の引渡請求権を相続人が準共有していると解されるため、B信用金庫が一部の相続人だけに内容物を引き渡すことは、貸金庫の賃貸人としての善管注意義務に違反すると解しているようです。

　私が、B信用金庫の上記説明を、AさんやAさんの母親、弟、妹に伝えたところ、遠隔地に居住するAさんの弟と妹は、「B信用金庫まで行くのが面倒である」と言って、立会いを拒みました。私は「貸金庫の中には何が入っているかわからず、まれに金塊等の資産が入っているケースもあるので、確認しておくことは不可欠である」と説得したのですが、Aさんの弟と妹は「どうせ何も入っていないと思う」と言い、説得に応じませんでした。Aさんの母親も、「あの人（被相続人）は、貸金庫には何も入れていないと言っていた気がする」と言い、弟や妹が貸金庫の開扉に立ち会うことを拒むのも仕方ないという雰囲気で、Aさんの弟と妹を説得してもらうことはできませんでした。

　そこで、私は、再度B信用金庫に行き、上記の事情を説明したうえ、何とか私1人で対応することはできないか、協議を行いました。協議の結果、Aさんの母親、弟、妹から、Aさんの代理人である私に対して、貸金庫開扉及び内容物の引取りの権限を与えてもらい、開扉及び引取りの結果について異議を述べない旨の念書を提出してもらうことになりました。また、開扉及び内容物の確認については、B信用金庫の役職者2人が立ち会うことになりました（私の方からも立会いをお願いしました）。さらに、私が貸金庫室への入室の段階からビデオ撮影したい旨をB信用金庫に対して伝えたところ、B信用金庫はこれを承諾してくれました。

　その後、私は、Aさんの母親、弟、妹から念書を取得し、無事に貸金庫を開扉しました。Aさんの母親の言葉どおり、内容物は何もなかったため精神的にガクッと来ましたが、相続手続が一歩進んだと前向きに切り替えることとしました。

せめて何が入っているかだけでも知りたい！

　Aさんの案件を終えてから1年後、私は再び相続案件を受任しました。依頼者のCさんによると、被相続人であるCさんの母親は、従前Cさんに有利となる遺言書を作成したことをほのめかしていたが、遺言書が発見できないとのことでした。また、被相続人が所持していたはずの貴金属類が見当たらないとのことでした。

　Cさんが被相続人の遺品を整理していたところ、被相続人が、D銀行の貸金庫を利用していた事実が判明しました。私は、遺言書や貴金属類が収容されている可能性があるとして、貸金庫を開扉することとしました。

　もっとも、Cさんのケースでは、Cさんと、他の相続人であるCさんの兄・姉との対立が激しく、Cさんの兄も姉も、「Cさんに有利な内容（と思われる）の遺言書のためになぜ協力しなければいけないのか」というスタンスであったため、Aさんの事案のような対応をすることは期待できませんでした。そこで、私は、内容物の引渡しは難しいとしても、せめて遺言書の存否だけでも確認したいと考えました。そして、私は、内容物の確認をするだけであれば「保存行為」にあたるので、Cさん単独で行うことができるとして、D銀行を説得することを試み、協議を数回行いました。その結果、私が「内容物を引き取らない」という内容の念書を提出すること、D銀行がCさんの兄や姉にも開扉及び内容確認を行うことを事前に通知すること、銀行員が2人立ち会うことを条件に、D銀行は内容物の確認を承諾してくれました。

　その後、私は上記の内容の念書を作成し、ビデオカメラを準備して、D銀行に向かいました。貸金庫の開扉の作業は全て銀行員が行い、私はビデオカメラでその様子を撮影するだけでした。貸金庫を開扉してもらったところ、中には公正証書遺言だけが収容されていました。

　私は公正証書遺言をビデオカメラで撮影し、遺言の内容や公正証書を作成した公証役場を確認しました（残念ながら、Cさんに特別有利な内容にはなっていませんでした）。私は、銀行員に閉扉してもらった後、

内容物の引取りを一切行っていないという内容の念書をD銀行に提出しました。

その後、私は、公証役場に連絡し、公正証書遺言の謄本を取り寄せ、相続手続を進めることができました。

先輩弁護士に話してみたところ……

後日、私は、金融機関をクライアントにもつ先輩弁護士とお酒を飲む機会があり、D銀行のことを話してみました。

すると、先輩弁護士の話では、D銀行からの通知に対してCさんの兄や姉が異議等を述べた場合、D銀行の態度が硬化していたかもしれないとのことでした。また、被相続人が資産家であり、貸金庫の中に相応の資産が収容されていると思われる場合、公証人を呼んで事実実験公正証書の作成を依頼することが考えられるため、公証人費用の負担の問題も生じていた可能性があるとのことでした。

さらに、先輩弁護士曰く、遺言書が自筆遺言証書で封印がある場合、D銀行は自筆遺言証書の現物を引き渡すことができず、封印を開封することもできないため、相続人が自筆遺言証書の内容を確認するためには、D銀行を被告として自筆遺言証書の引渡請求訴訟を提起したり、家庭裁判所に検認の申立てをしたうえで、D銀行に対する検証物提出命令の申立てを行ったりすることが必要なケースも考えられるとのことでした。

私は、先輩弁護士の話にゾッとしながらも、Cさんの件はうまくいったのだと、美味しい酒を飲みました。

> 体験談3

連帯保証債務まで相続したくない！

弁護士4年目　女性

相続人間で争いはないが……

　とある夏の日、私は、3人兄弟の末っ子のAさんから、父親の相続に関する相談を受けました。2週間前に中小企業B社を経営していた（代表者を務めていた）父親（被相続人）が亡くなったとのことでした。相続人はAさん、母親、兄、姉であるが、4人の関係は良好で、相続に関して特段もめるようなことはないとのことでした。

　さらにAさんの話をうかがうと、父親は自宅土地建物（評価額5,000万円）に加え、預金4,000万円ほどを有していたが（B社の業績はよくないため、B社の株式の価値はほとんどないとのことです）、経営していた会社の銀行借入金3億円を個人保証（連帯保証）していただけでなく、父親名義の住宅ローンの債務が1,800万円ほど残っているとのことです。

　相続人間では、B社の株式は父親の後を継いだ兄が、自宅土地建物は実際に居住している姉が、それぞれ全て相続し、Aさんは預金債権の一部だけを相続するという大まかな合意はできているとのことでした。

　また、相続人間では、個人保証債務は兄が全額承継し、住宅ローンの残債務は姉が全額承継するという合意ができているとのことでした。

　Aさんの相談は、相続人間では、上記個人保証債務や住宅ローンの債務に関して合意しているものの、債権者である金融機関はこれを承諾してくれるのか、というものでした。

　金銭消費貸借契約や連帯保証債務は、被相続人の死亡により、当然に分割されて、各共同相続人が相続分に応じて債務を承継すると解され、

共同相続人間でこれに反する合意を行ったとしても、債権者が承諾しなければ、合意の内容を債権者に対抗することはできません。

そのため、私は、個人保証債務の債権者であるＣ銀行、住宅ローンの債権者であるＤ銀行と交渉することとなりました。

経営者保証の扱いは……

ところで、金融実務においては、中小企業が金融機関より融資を受ける場合には、経営者への規律付けや信用補完として、ほとんどのケースで経営者の個人保証が求められています。

しかし、近時は、個人保証に関する考え方も変化しています。個人保証を求められることにより経営者が思い切った事業展開ができなくなることや、個人保証の存在が早期の事業再生等を阻害する要因となっていること等を踏まえ、金融機関は経営者の個人保証に頼った融資をすべきでない、という風潮になっています。中小企業、経営者及び金融機関の自主的かつ自律的な準則として「経営者保証に関するガイドライン」が策定されたのも、この風潮の一環といえます。

Ａさんの件では、Ｂ社の経営は兄が全て行い、Ａさん、母親、姉はＢ社の経営自体に全く関与していませんでした。また、Ｂ社は、Ｃ銀行を債権者としてＢ社の店舗や事務所の土地・建物に根抵当権を設定しており、十分とまではいえないまでも、Ｃ銀行は貸金債権の保全ができている状態でした。

そのため、私は、Ｃ銀行に対して、上記の事情を説明したうえ、兄が個人保証を全額承継することを承諾してほしい旨話を向けると、Ｃ銀行は、メインバンクとしてＢ社の実情をすでに把握していたようでした。Ｃ銀行に対して、私は、基本的には法定相続割合による分割を予定しており、兄以外の特定の相続人に資産を集中させるようなことはしない旨伝えました。そうしたところ、Ｃ銀行は、兄が個人保証を全て承継することに応じるとの内諾をくれました。私は、Ｂ社の業績がよくないこと

から、ともすればＡさんの自宅土地不動産（Ａさんは当時Ａさんが居住する自宅土地の名義を有していました）への担保設定まで求められるのではないかと不安を感じておりましたが、Ｃ銀行はそこまでは求めてきませんでした。

住宅ローンの扱いは……

　その後、私はＤ銀行とも交渉しましたが、自宅土地建物の価値は住宅ローンの残債務の金額を若干上回っていることや、姉にも一定の資力があること等の理由から、姉が住宅ローンを承継することに応じるとの内諾をもらいました。

無事解決！！

　その後、Ｃ銀行やＤ銀行との間で、免責的債務引受契約書を作成し、Ａさんの希望どおりの結果を得ることができました。
　後日、先輩弁護士にＣ銀行やＤ銀行のことを話すと、金融機関の側も、相続により債務者が複数になってしまうと、債権管理が大変になってしまうので、債権を一本化したいという考えはある、内容的におかしな遺産分割でなければ、免責的債務引受に応じてくれるケースもそれなりに存するとのことでした。

ワンポイントアドバイス

本最高裁判例の金融実務に対するインパクト

　解説及び体験談1で取り上げた本最高裁判例（前掲平成28年最大決、前掲平成29年最一小判）は、金融実務に大きな影響を与えるものとなっています。

　体験談1では、一部相続人による払戻請求の可否にスポットをあてましたが、本最高裁判例が当然分割承継説を否定したことにより、預入金融機関による相殺、被相続人に対する債権者による預金債権への差押え、相続人の1人に対する債権者による預金債権の差押え等といった、新たな論点が生じています。

　これらについては、金融実務や裁判実務の動向を注視していく必要があります。

　また、本最高裁判決後である平成30年民法改正により、預金の払戻し制度の創設及び仮分割の仮処分の要件緩和がなされています。早期の払戻しを必要とする依頼者に対しては、同制度をうまく利用していきましょう。

Method 20 | 事業承継

▶ 会社に争族を持ち込ませるな

——相続と事業承継との問題には注意が必要である。「お前を俺の後継者にする」等と口頭で伝えていただけで、実際には何らの対策もしていなかった、などということはないだろうか? 最終的に相続人が株式を50%ずつ保有することになったら、目も当てられない。自分が亡くなってしまったらせっかく築いて大きくしてきた会社も消えてなくなったなどということにならないために、事前・事後に事業承継対策を行っておく必要がある。

事業承継の目標

事業承継の主な目標は、大別すると①後継ぎに紛争なく承継させること、②相続税等のコストを抑え、あるいは相続税に備えた資金繰りを行うこと、③生前に事業承継する場合、退いた被相続人の老後の生活資金を確保すること、が考えられます。

具体的に何をするか

まず、①については、できれば後継ぎに株式の全部を承継させるべき

ですが、前述のように50％ずつの保有にならないためにも最低限過半数の保有をさせるような方法を検討すべきです。方法としては、生前贈与、遺言、あるいは体験談1のように、定款にあらかじめ定めておく方法が考えられます。

次に、②については、株式の評価を下げる方法、株式を社債化する方法、あるいは会社への貸付けを整理することによって相続財産の評価を低くする方法、事業承継税制を用いた節税が考えられます。

最後に、③については、生前に事業承継をある程度済ませておくことで後に紛争化することを事前に抑止し、株式の譲渡代金、退職金等を得ることにより、安定した老後の生活を確保することができます。

また、事後の対策としても、遺産共有状態になった際に、少なくともいずれかの株主が過半数に達するよう分割する必要があります。誰もがみな支配権を得たいのであれば、難しいでしょうが……。

体験談1

考えよう！　いろいろな事業承継スキーム

弁護士9年目　男性

弁護士の腕の見せどころ

若手の弁護士にとって、年配の先生に差をつけることができるとすれば、柔軟な発想や、新しい理論等を日々更新して自分のものにしていくことです。中小企業の社長から「長男に後を継がせたい」という相談があった際、どのような方法が考えられるでしょうか。ちょうどその時、私は別件でも中小企業（主に閉鎖会社）を念頭に置いた事業承継について検討する機会があったので、社長に対して複数のプランを提示し、よ

りよい事業承継を一緒に考えることにしました。今回はそれを紹介します。

生前贈与や遺言の検討

　まず考えついたのは、生前贈与でした。ただ、そのまま生前贈与を行うと、当然贈与税もかかりますし、何より相続が実際に発生した後、他の相続人から遺留分を主張されると、持戻しがなされる可能性があります。これを回避する方法としては、推定相続人にあらかじめ遺留分を放棄させることが考えられましたが、推定相続人全員の同意と家庭裁判所の許可というハードルをクリアするのは難しくあまりクレバーな方法とはいえませんでした。先に金銭を贈与ないし貸し付けておくことで、株式の購入資金を準備するという方法も考えましたが、購入することができるかという問題があるため、これも採用できませんでした。

　次に考えついたのは、公正証書遺言です。しかし、これについても単純に「全ての株式を〇〇に相続させる」としたのでは、遺留分を侵害する可能性がありますし、「〇〇を代表取締役にする」と記載していただけでは、拘束することができません。また、後継ぎとなる相続人にとってみても、遺言の記載は文言解釈について争いが起こる可能性や、被相続人がその後に別の公正証書遺言等を作成する可能性もあるので、十分な保護が図られているとはいえません。

定款の定めを変更する方法

　私としては、もっと盤石な形で事業承継をするスキームはないものかと、文献や講演等を検討し、その結果、定款を変更する形での事業承継がよいのではないかと考えました。

　まず提示したのは、定款で相続人に対する売渡請求権（会社法174

条）を規定しておく方法です。かかる方法によれば、後継者が会社の代表取締役でさえあれば、会社の資金で他の相続人から株式を強制的に取得することができるため、支配権争いが生じません。

　ただ、かかる方法は、相続開始時点において株式の価格がいくらになるのか、会社が相続人に対して売渡請求権を行使した結果、株式の買取資金を留保しておくことができているか、ある程度想定できていなければ使うことはできないので、実際には採用できませんでした。

　次に提示した方法は、定款変更を行い、株主ごとに異なる取扱いをする旨の定め（同法109条2項）を規定するというものです。これは、議決権のある株式と無議決権株式を規定し、後継ぎに議決権のある株式を独占させることで、支配権争いを生じさせなくするというものです。これは、後継ぎ以外の相続人は無議決権株式となることから、相続人から株式を買い取るための交渉材料にもなることが考えられます。

　後は、上記の分配方法を公正証書遺言によって、議決権株式は後継ぎに、無議決権株式は、その他の相続人に相続させる旨の規定をすることによって、実行可能です。かかる場合、国税庁によれば、無議決権株式であっても原則として議決権の有無を考慮せずに評価されるため、遺留分の問題が生じません。

　かくして、依頼者の事業承継については、まず定款の定めを変更し、後継者候補に議決権のある株式を相続させる旨の文言のある公正証書を作成するスキームをとることにより、スムーズな事業承継を考えました。

体験談2

はじめは仲良し少数株主

弁護士6年目　男性

事業承継も考えたアドバイス、できていますか？

　私が多く携わる案件として、ベンチャー支援があります。内容としては、新しく事業を起こそうと計画している依頼者に対して、他士業と連携して助成金を受けたり、銀行等から借入れを受けたり、定款を作ったりというバックアップをすることです。ある程度将来性のある事業については、それこそベンチャーキャピタルとの間の投資契約書のリーガルチェックを行うこともありますが、実際に多いのは、小規模閉鎖会社として会社を設立し、資金の一部は依頼者の知人等がいくらかお金を出していることから、債権者又は株主となるパターンです。

　しかし、「債権者」となるのか、「株主」となるのかということは、お金を出す側からすると、実際にはよく把握せずにお金を出していることが多いのですが、きちんとしておかなければ、後から大きな問題になることがあります。

返金の際の問題点

　1つ目は、返金の際の問題です。小規模な会社の資金調達には、代表取締役の友人や親族等、個人的なつながりから、代表取締役の求めに応じて協力する形でお金を出していることが多く、お金を出した側も自身が「株主」であるのか「債権者」であるのかきちんと認識していない場合、会社としては「株主」になってもらったと思っていても、お金を出

した側は、後から自身の出したお金が返ってくると思っていることがあります。このような場合、会社の業績が悪くなったときに、友人や親族から「お金を返してくれ」と言われても、会社としては「株式の価値としてはゼロであるので、配当もないし、株式を買い取ったとしても対価も出せない」と主張することになりますが……実際にはそう簡単に「株主」であったとの主張は通りません。

家族経営の小規模閉鎖会社では実際にはありがちですが、例えば株主総会決議を一度も開いたこともなく、代表取締役の認識も、株主であるのか債権者であるのかしっかり理解できておらず、「お借りしているお金はきちんと業績が上がったら返します」等と書面で残していた場合、本当に「株主であるから金銭を返還しなくてもよい」と言い切れるか難しいところです。

弁護士がベンチャー支援や資金調達の手伝いをする際には、株主とするのか、債権者とするのか、会社の状況からそれぞれのリスクを検討し、代表取締役に必要な手続を履践してもらうように指導するとともに、議事録や株主名簿、株主や債権者に対する連絡文書等を都度残しておくようにしてもらった方が、後の紛争を予防することにつながります。

事業承継上の問題

2つ目は、事業承継の際の問題です。これはもう少し詳細な具体例とともにお話します。

ある顧問会社の話です。その会社は、代表取締役が一代で大きくした英語教材を取り扱う小規模閉鎖会社ですが、教材を書店に卸したり、インターネット上で販売したり、英会話スクールの経営を行ったりする等、いくつかの事業部門をもっていました。

その当時はある程度業績もよかったのですが、代表取締役も高齢になってきたので、そろそろ後継者に後を譲りたいと考え、事業を切り離して整理するなど、後に息子2人の間で相続問題に発展することがない

よう、生前に事業承継を考えることになりました。

簡易事業譲渡にあたらなければ特別決議

　まず、インターネット販売の部門については業績が悪く、ホームページの改訂や検索エンジン上位表示対策等の投資を行えば業績が上がる可能性があったのですが、内部留保金をインターネット部門に使うことに代表取締役が乗り気ではなかったため、話合いの結果、買い手がいれば事業譲渡を行うことにしました。ただ、代表取締役の個人的な関係から当該会社に数人の少数株主がおり、「これからの時代はインターネットで情報を発信し、顧客を広げていくべきだ」と声高に主張していたため、株主総会の特別決議が通らない可能性がありました。他方、帳簿上の計算では、インターネット販売部門は数年間赤字を計上しており、その他の要件も充足することから、簡易事業譲渡（会社法468条2項）として株主総会の特別決議を経ずに事業譲渡してしまおうか、とも考えられましたが、後から仮に、「のれんを考えると簡易事業譲渡の要件を満たしていない。株主総会決議の不存在である」等と言われてしまっては、譲受会社にも多大な損失を与えてしまいます。そのため、なかなか事業の切離しに踏み切れませんでした。

会社分割（新設分割）による事業承継

　また、息子2人についても、長男は本業としての英語教材の卸売に興味をもっていたのですが、留学経験のある二男はむしろ、英会話スクールをフランチャイズ化して広げることを考えていたことから、同じ会社の部門としておくよりも、会社を分けた方が将来の支配権争いを抑止することができるほか、事業承継税制を使うことができると考えました。
　そのため、代表取締役が存命中に会社分割を行い、教材の卸売を目的

とする新会社の株式を長男に、英会話スクールの経営を目的とする新会社の株式を二男に相続させることを計画しました。

しかし、これらの事業については略式手続や簡易手続が考えられなかったため、株主総会の特別決議（会社法804条1項）が必要でした。

少数株主のスクイーズアウトの検討

以上のような状況から、事業承継を行うためには、株主総会の特別決議が必要でしたが、このまま決議を行ったとして、決議が通るかわかりません。また、今後の息子たちの事業を考えると、疎遠になっている少数株主と敵対したり紛争となってしまったりすることも考えられるため、この際、相続前に少数株主のスクイーズアウトを行うことを検討しました。ただ、株式併合によるスクイーズアウトについても、株主総会の特別決議が必要なため、突然株式併合を行うことも困難な状況でした。

そのため、株主に対して個別に連絡をするとともに、株式について代表取締役に譲渡することを求めて交渉しました。幸いにして、取締役は親族で構成されていたことから、譲渡制限に関する承認は問題なく、複数の少数株主から株式を買い受けることができました。

事業承継完了

そうして、少数株主が結託しても議決権の3分の1を超えることがなくなった後、株式併合を行って少数株主に金銭を払うことで株主から離れてもらい、事業譲渡、会社分割を行うことができました。

> **ワンポイントアドバイス**

事業承継あれこれ
定款変更と事業承継

　体験談1では、事業承継をするにあたって「議決権のある株式」と「無議決権株式」の異なる種類の株式の規定を設ける定款変更をすることを検討していますが、すでに被相続人の段階において利害関係のある株主が複数存在している場合には、議決権の3分の2以上を有していなければ、そもそも定款変更をするための特別決議ができない可能性があります。

事業承継税制

　平成25年度の税制改正により、租税特別措置法等の一部が改正され、非上場株式等についての相続税及び贈与税の納税猶予及び免除の特例について、要件が緩和されたり、手続が簡素化されたりするようになりました。もっとも、相続税及び贈与税の納税猶予及び免除制度については適用要件や履践すべき手続が定められています。仮に途中で要件を満たさなくなった場合や必要な手続を履践していなかった場合には、納税猶予されていた相続税や贈与税を一括して支払わなければならなくなることもあるため注意が必要です。詳しくは国税庁のホームページ等でご確認をいただければと思いますが、具体的には、

　① 後継者である相続人等が相続等により当該非公開会社の株式を先代から取得し、その会社を経営していく場合には、納付すべき相続税のうち、その株式等にかかる課税価格の80%に対する相続税の納税が猶予され、後継者の死亡等により、納税が猶予されている相続税の納付が免除される。

② 後継者である受贈者が贈与により当該非公開会社の株式を先代から全部又は一定以上取得し、その会社を経営していく場合には、納付すべき贈与税の納税が猶予され、後継者の死亡等により、納税が猶予されている贈与税の納付が免除される。
というものです。

□ 中小企業経営承継円滑化法の遺留分特例の運用状況

　事業を引き継ぐ後継者がいないため廃業する中小企業が増え、雇用や地域経済に大きな影響を与えている問題に対処するため、平成20年に、相続税・贈与税の納税猶予制度、金融支援措置、遺留分の特例の3つを柱とする中小企業における経営の承継の円滑化に関する法律（中小企業経営承継円滑化法）が制定されました。

　このうち、弁護士の業務と直接関係してくるのが遺留分の特例です。被相続人が事業を営んでいた場合において、相続発生に伴い、被相続人から特定の相続人に対し、自社株式や事業用資産を集中して承継させ、事業の円滑な承継を図ることがあります。しかし、他に十分な資産がない場合は、他の相続人から遺留分侵害額請求がなされることで、結果的に自社株式や事業用資産を処分せざるを得なくなり、事業の承継に支障が生じるという問題が起こり得ます。遺留分の特例は、こういった問題に対処するために設けられた制度で、①除外合意、②固定合意の2つに分類されます。以下では、この制度の概要と運用状況を説明します。

①除外合意

　推定相続人全員の合意によって、先代経営者が後継者に贈与等をした株式等を遺留分算定の基礎財産から控除できることにした制度です。

　従前から遺留分の事前放棄制度はありますが、推定相続人が複数人いる場合、個別に家庭裁判所に申立てを行うと、許可不許可の判断がバラバラになるおそれがあり、円滑な事業承継が困難になり得ることから設けられた制度です。

②固定合意

　推定相続人全員の合意によって、先代経営者が後継者に贈与等をした株式等を遺留分算定の基礎財産に算入するときの価格を、相続開始時ではなく合意時の価格とすることができるようにした制度です。ただし、合意価格の相当性について、弁護士・公認会計士・税理士等の証明が必要です。

　遺留分の算定は、相続開始時の時価で評価されるところ、相続開始までの後継者の営業努力によって自社株の株価が上昇した場合には、後継者以外の相続人の遺留分が増加することになってしまいます。固定合意は、このような場合に、後継者の経営意欲を削ぐとの批判があったことから設けられた制度です。

　特例を利用するためには、(1)合意から1か月以内に経済産業大臣の確認を受け、(2)経済産業大臣の確認を受けた日から1か月以内に家庭裁判所に許可を受けることが必要です。除外合意と固定合意は併用が認められます。

　本特例の運用状況ですが、平成26年2月末時点での認定件数は、除外合意は69件、固定合意は0件であったとのデータがあります。固定合意は全く活用されておらず、除外合意も活用されているとはいえ、数は多くありません。

　一方で、遺留分の放棄については、同時期においても毎年1,000件以上の実績がありました（もちろん、全てが事業承継に係るものとはいえませんが）。

　特例が運用されない理由としては、認知度の低さも指摘されていますが、「要件の厳格さ」や「手続の煩雑さ」も利用を遠ざけ

ている要因であるとされています。このような問題点については、今後の制度改善が求められるところです。

　以上のとおり、遺留分特例は、少なくとも現状は、実務的上あまり利用することが想定されないようです。ただし、だからといって使う場面が全くないというわけではありません。弁護士としては、制度の存在や仕組みは理解したうえでのアドバイスや、今後の制度改善の注視が必要になるものと思われます。

Method 21 法改正への対応

▶ 法改正対応は慎重に

――相続分野においては、平成30年、令和3年にそれぞれ民法改正があった。おそらく、改正当初は、その具体的運用に戸惑った弁護士も少なくないと思われる。他方、旧法が適用されるケースであるにもかかわらず、誤って現行法による処理をしてしまう可能性もある。

平成30年改正

平成30年改正では、配偶者居住権、婚姻期間が20年以上の夫婦間における居住用不動産の贈与等に関する優遇措置、預貯金の払戻し制度、自筆証書遺言の方式緩和及び法務局による保管制度、遺留分の制度の見直し、特別寄与料請求制度などが創設されました。

令和3年改正

令和3年改正では、相続登記の義務化、特別受益及び寄与分に基づく具体的相続分の期間制限（相続開始から10年）などが創設されました。

法改正対応の難しさ

法改正分野については、法改正の知識を習得したと思っていても、その理解が不十分だったり、その具体的運用に関する経験や情報も不十分であったりすることは少なくありません。

本Methodで紹介する、改正法の具体的運用に悩んだケース、昭和

55年法律第51号による改正前の旧法が適用される場合において誤った処理を回避できたケースを参考に、法改正分野であっても適切な対応ができるよう心がけたいところです。

体験談1

相続開始時期が古い案件は法改正に注意

弁護士8年目　男性

相続登記の放置

　さまざまな案件をこなし、相続案件の進め方も多少は身に付いたかなと思われた弁護士3～4年目の頃、被相続人を高齢の女性、相続人をその子ら2人とする相続案件を受けました。子ら2人のうちの1人が私の依頼者で、その依頼者から事案の詳細を聞き取ったところ、相続財産の中に不動産があり、その登記名義が、すでに昭和40年代に亡くなった被相続人の夫（＝相続人ら2人の父親）のままである、ということがわかりました。その時の私の意識は、高齢女性を被相続人とする相続の前に、その亡夫を被相続人とする未処理の相続が存在する類型（いわゆる「数次相続」）だな、といった程度でした。

　私は、その事案の性質に鑑み、即座に遺産分割調停を申し立て、しばらくして、第1回期日を迎えました。

　依頼者と一緒に調停室に入ったところ、冒頭で、調停委員から「お父様を被相続人とする相続に関し、お母様の法定相続分について、申立書類では『2分の1』を前提とされているようですが、正しくは『3分の1』ということでよろしいでしょうか？」との質問ないし確認がありました。私は、その瞬間は何のことかよくわからなかったのですが、「本

件での相続開始時点の民法は……」との発言があったので、状況を理解して、依頼者の手前、この話はあまり広げずに「そうでした、失礼しました」といった程度で切り上げました。

幸い、本件では、最終的な依頼者の取り分に影響を与えるわけではなかったため、依頼者との間でも、終始この話はあまり広がらずに、本件を終えることができました。

場合によっては、依頼者の取り分に大きく影響が出て、仮に途中で誤りに気づいて修正できたとしても、依頼者からの信頼に大きな傷をつけるところでした。この時以来、相続案件においては、法改正との関係で、相続開始時期には常に気をつけるよう心がけています。

なお、これまで私が関わったものには、戦前の家督相続が適用される、という案件もありました。

法定相続分の法改正

戦後に限っても、法定相続分（配偶者、非嫡出子、半血の兄弟姉妹等）に関して、何度か法改正が行われています。

もちろん、どの相続類型についても、法律の適用に誤りなどがあってはなりません。もっとも、相続人の中に配偶者が存在する事案はよくあること、及び、法定相続分に大きな変更があった法改正（3分の1→2分の1）がそれほど古い時期ではないこと（施行日：昭和56年1月1日）から、とりあえずは、配偶者の法定相続分についての法改正に注意しておくとよいと思います。

相続登記の義務化

令和6年4月1日より、相続（遺言を含む）により不動産の所有権を取得した相続人は、自己のために相続の開始があったことを知り、かつ、

その不動産の所有権を取得したことを知った日から3年以内に相続登記の申請をすることが義務付けられました（不動産登記法76条の2第1項）。

従前は、前記のような相続登記を放置する例がよくみられましたが、今回の相続登記の義務化をきっかけに、相続開始時期がかなり古い案件が顕在化してきています。しばらくは、相続分野の法改正を意識すべき事案が増加することでしょう。

体験談2

法改正でヒヤリとするが

弁護士8年目　男性

待合室での何気ない会話

遺産分割協議について依頼を受けました。初めは当事者間で話合いをしていましたが、まとまらず、依頼者以外の相続人が全員申立人として、遺産分割調停を申し立てました。私は3回目の調停から代理人として参加しました。依頼を受ける際にも少し話は出ていたのですが、裁判所の待合室で、今後の進行などを話していたところ、依頼者から「先生、法律が改正されて、配偶者にも寄与分が認められるようになったんですよね？」と質問を受けました。私も、相続人以外の親族が新たに特別寄与料として認められる法改正がなされたことは理解していたつもりだった（ただし、新たに制度が設けられたという程度で詳しく条文はこの時点では確認していなかった……）ので、「はい、そうですね。新たに制度が設けられたんですよ」と軽く答えてしまいました。そこで、依頼者からは、「妻がずっと母親の介護を私に代わってしてくれていたので、妻

の特別寄与を主張したいんですよ」とお願いされたので、私も何も考えずに、「わかりました」と愛想よく答えてしまいました！

後輩弁護士からのご指導！

　調停が終わり、事務所に帰って、2年目の後輩弁護士に「これから特別寄与料の申立てしなくちゃいけなくなったんだけど、あれって別途申立てでよかったんだっけ？」などと軽く話を振ると、「そうですね、いちおう別途調停等を申し立てる形になると思います。後は期間制限があるので、気をつけた方がいいですよ！」と。私は「期間制限！？」と頭は「？」です。条文を調べたらなんと6か月ないし1年の期間制限があるとのこと。一瞬ヒヤッとしてしまいました。一度気を落ち着かせ、冷静に考えて、そもそも事務所に相談に来た時点で相続の開始を知ってから6か月以上は経過していたなと思い出すと、あー過誤がなくてよかったと思う反面（依頼者には「すみません、詳しく調べたら期間制限があるみたいで今回はご相談いただいた時点ですでに期間を経過していたみたいで……」で済まされそうだなと思いつつ）、でも何か腑に落ちませんでした（法改正される前にも、配偶者の寄与を相続人の寄与として主張して認められていたのに変だな……）。

調べてみると

　腑に落ちなかった私は、もう少し文献調査を行いました。すると、これまで、相続人の履行補助者の寄与として評価していたのに、期間制限により、従前の運用も否定してしまうのはおかしいとして、相続人以外の親族の寄与についても相続人自身の寄与として評価するのが相当であるとする文献にあたることができました。

　ほっと胸をなでおろしながら、私はせっせと寄与分の主張書面を起案

するのでした。

> **ワンポイントアドバイス**

平成・令和の法改正

　多くの弁護士にとっては、相続分野の法改正として、平成30年の大改正（平成31年1月から段階的に施行）や令和3年改正（令和5年4月から施行）が思い浮かぶのではないかと思います。ただし、法改正から間もない時期においては、当該弁護士自身が改正法を取り扱った経験が乏しいことに加え（筆者も例外ではありません）、実務的な内容が記載された文献が必ずしも多く存在しているわけではありません。弁護士としては、依頼者から相談を受ける際、法改正に関わる分野であるか否かを判別できるだけの正確な知識と、法改正分野である場合にどのような運用がなされているのか、という点を見極める必要があります。

改正前の法律も要注意！

　ついうっかり、改正後の民法にばかり気をとられがちですが、体験談1のように、数次相続が発生している事案などでは、直近改正前の民法のみならず、昭和まで遡った旧民法を追う必要がある場合もあります。どの時点の相続に、どの時点の民法が適用されるのか、留意した対応が求められます。

□ ある弁護士の雑感～相続資格の重複～

　少しマニアックな論点として、相続資格の重複という問題があります。その名のとおり、一人の相続人に相続資格が重複して生じる場合に問題となります。

　相続案件の中でも、主に相続関係の中に養親子関係が存在する場合に生じ得る問題でして、若手弁護士が目にすることは、それほど多くないかもしれません。しかし、近年の相続登記の義務化により、今後しばらくは、相続関係の中に養親子関係が存在する古い案件が頻出することが予想され、そうすると、相続資格の重複が問題となる案件を目にする機会は多くなるのではないでしょうか。

　そのような案件を手掛けることになった際、論点の存在すら気づかずに「スルー」してしまうことがないよう、相続資格の重複という問題があることくらいは、頭の片隅に置いておくとよいでしょう。

　典型的な場面としては、以下のものが挙げられます。

①祖父母が孫を養子とした場合

　祖父母が孫を養子とした場合、父母が祖父母より先に死亡したときは、祖父母を被相続人とする相続について、孫に、養子としての相続資格と、代襲相続人としての相続資格が併存するか否かが問題となります。

　この点、あまり争いなく、相続資格の併存が肯定されています（昭和26年9月18日民事甲第1881号民事局長回答）。

②実子と養子が婚姻関係にある場合

　実子と養子が婚姻関係にある場合、そのいずれか一方が死亡したときは、その死亡した一方の相続について、他方は、配偶者と

しての相続資格と、兄弟姉妹としての相続資格が併存するか否かが問題となります。
　この点、昭和23年8月9日民事甲第2371号民事局長回答は配偶者としての相続資格のみを有するとしますが、併存を肯定する見解も有力です。

執筆者一覧

編集代表・執筆

西村　　健	弁護士（62期・東京弁護士会）／堀法律事務所
稲葉　治久	弁護士（65期・東京弁護士会）／弁護士法人稲葉セントラル法律事務所

編集・執筆（五十音順）

板倉　武志	弁護士（67期・東京弁護士会）／板倉総合法律事務所
上田　貴之	弁護士（67期・東京弁護士会）／上田＆パートナーズ法律事務所
鵜之沢大地	弁護士（63期・東京弁護士会）／前田・鵜之沢法律事務所
小暮　典子	弁護士（62期・東京弁護士会）／並木通り法律事務所
小寺　悠介	弁護士（66期・東京弁護士会）／KODAMA法律事務所
芝田　麻里	弁護士（64期・東京弁護士会）／弁護士法人芝田総合法律事務所
平井　経博	弁護士（62期・東京弁護士会）／平井・川野総合法律事務所
本澤　陽一	弁護士（64期・東京弁護士会）／弁護士法人エルティ総合法律事務所

編集協力

塩田　隆弘	弁護士（60期・東京弁護士会）／増子・塩田法律事務所

執筆（五十音順）

嶋﨑　淳吾	弁護士（70期・東京弁護士会）／堂野法律事務所
千葉　陽平	弁護士（66期・東京弁護士会）／赤坂山王法律事務所
德橋　一哉	弁護士（75期・東京弁護士会）／奥野総合法律事務所
三浦　　梓	弁護士（74期・東京弁護士会）／法律事務所ネクシード
森田　亮介	弁護士（65期・東京弁護士会）／森田法律会計事務所

サービス・インフォメーション
──────── 通話無料 ────────
① 商品に関するご照会・お申込みのご依頼
　　　　TEL 0120(203)694／FAX 0120(302)640
② ご住所・ご名義等各種変更のご連絡
　　　　TEL 0120(203)696／FAX 0120(202)974
③ 請求・お支払いに関するご照会・ご要望
　　　　TEL 0120(203)695／FAX 0120(202)973

● フリーダイヤル（TEL）の受付時間は、土・日・祝日を除く
　9：00〜17：30です。
● FAXは24時間受け付けておりますので、あわせてご利用ください。

こんなところでつまずかない！
相続事件21のメソッド　改訂版

2018年2月20日　初版発行
2025年2月10日　改訂版発行

編　著　　東京弁護士会 親和全期会
発行者　　田　中　英　弥
発行所　　第一法規株式会社
　　　　　〒107-8560　東京都港区南青山2-11-17
　　　　　ホームページ　https://www.daiichihoki.co.jp/
デザイン　中村圭介・平田　賞
　　　　　（ナカムラグラフ）

相続事件21改　ISBN 978-4-474-04809-6　C2032 (0)